Vampiros
além da saga
Crepúsculo

Vampiros
além da saga
Crepúsculo

Tudo o que você precisa saber sobre os vampiros e
Stephenie Meyer não contou em seus romances

Manuela Dunn-Mascetti

Tradução
Denise de C. Rocha Delela

Editora
Pensamento
SÃO PAULO

Título original: *Más Allá del Crepúsculo*.

Copyright © 2009 Manuela Dunn-Mascetti.

Publicado pela primeira vez em espanhol por Ediciones Robinbook, 11, 08029 Teià, Barcelona.

Todos os direitos reservados. Nenhuma parte deste livro pode ser reproduzida ou usada de qualquer forma ou por qualquer meio, eletrônico ou mecânico, inclusive fotocópias, gravações ou sistema de armazenamento em banco de dados, sem permissão por escrito, exceto nos casos de trechos curtos citados em resenhas críticas ou artigos de revistas.

A Editora Pensamento-Cultrix Ltda. não se responsabiliza por eventuais mudanças ocorridas nos endereços convencionais ou eletrônicos citados neste livro.

Ilustrações: La Cifra

Dados Internacionais de Catalogação na Publicação (CIP)
(Câmara Brasileira do Livro, SP, Brasil)

Dunn-Mascetti, Manuela
    Vampiros : além da saga crepúsculo : tudo o que você precisa saber sobre os vampiros e Stephenie Meyer não contou em seus romances / Manuela Dunn-Mascetti ; tradução Denise de C. Rocha Delela. – São Paulo : Pensamento, 2010.

    Título original: Más allá del crepúsculo
    ISBN 978-85-315-1634-4

    1. Lendas   2. Mito   3. Vampiros   4. Vampiros – História
I. Título.

10-01598   CDD-398.45

Índices para catálogo sistemático:

1. Vampiros : Lendas : Folclore   398.45

O primeiro número à esquerda indica a edição, ou reedição, desta obra.
A primeira dezena à direita indica o ano em que esta edição, ou reedição, foi publicada.

Edição	Ano
1-2-3-4-5-6-7-8-9-10-11	10-11-12-13-14-15-16-17-18

Direitos de tradução para o Brasil
adquiridos com exclusividade pela
EDITORA PENSAMENTO-CULTRIX LTDA.
Rua Dr. Mário Vicente, 368 — 04270-000 — São Paulo, SP
Fone: 2066-9000 — Fax: 2066-9008
E-mail: pensamento@cultrix.com.br
http://www.pensamento-cultrix.com.br
que se reserva a propriedade literária desta tradução.

Sumário

INTRODUÇÃO · 7
Portas para a escuridão

CAPÍTULO 1 · 11
Anatomia de um vampiro
Descobertas de sepulturas · Além do físico

CAPÍTULO 2 · 45
O nascimento dos mortos-vivos
O morto-vivo · Atravessando os portais da morte · O sobrenatural ·
Imagens nos espelhos · Práticas ocultas · Propensos ao vampirismo ·
Destinados a ser vampiros · Obrigados a ser vampiros · A perdição de um vampiro

CAPÍTULO 3 · 75
Os hábitos de um vampiro
Rumo à imortalidade · Perigos intrínsecos · Necessidades de um vampiro ·
A sede de sangue da condessa Bathory · Vestido para o jantar

CAPÍTULO 4 · 87
Em busca do conde Drácula
Viagem ao país do Drácula · A morada do chupador de sangue ·
O príncipe Drácula, o empalador · O clã Drácula ·
Morte do Drácula, nascimento do Drácula

CAPÍTULO 5 · 121
Família de vampiros
Lord Ruthven · Varney, o vampiro · O cavaleiro Azzo · Carmilla ·
Julia Stone · A moça de olhos famintos · O conde Drácula:
O Príncipe das Trevas

CAPÍTULO 6 · 143
A biblioteca do vampiro
A casa dos horrores dos aristocratas · O Drácula literário ·
O vampiro de Polidori

CAPÍTULO 7 · 159
Origens apavorantes
A natureza do vampiro · Morte e sangue · Denominações do vampiro ·
A linhagem dos vampiros · Oriente

CAPÍTULO 8 · 177
Como matar um vampiro
Como impedir o regresso dos mortos · Como prevenir o
ataque de vampiros · Como matar o vampiro

EPÍLOGO · 197

Introdução

Portas para a escuridão

Há séculos, a imaginação humana é assombrada pela figura do vampiro, uma criatura envolta em escuridão e lendas, que desperta à noite e bebe a substância da vida de suas vítimas para repor suas forças. Ao longo do tempo, numerosas lendas, rumores e testemunhos de acontecimentos alimentaram um fascínio compulsivo pelo horror que representam os "mortos-vivos".

O medo de vampiros não é apenas fruto da fantasia, uma vez que ele muitas vezes se baseia em relatos substanciais e documentados. Houve uma época em que a Europa, especialmente o leste europeu, estava infestada por hordas de vampiros, que literalmente dizimavam a população de aldeias medievais inteiras. As investigações científicas mais precisas foram realizadas pelos padres ou nobres locais, na tentativa de pôr um fim aos horrores perpetrados à noite em seus territórios. Estes descobriam que os vampiros não eram, como se pensava até então, um fenômeno regional, pois tinham uma longa história e uma linhagem própria. As origens dessas criaturas poderiam remontar ao antigo Egito, quando o culto e a veneração aos mortos eram representados de forma ritual em cerimônias nas quais os acólitos adoravam uma divindade semelhante a um pássaro preto. Esse pássaro sinistro representava o voo da alma no momento da morte e sua viagem ao mundo das sombras. Os mortos, que estavam "vivos" no mundo a que pertenciam, ocasionalmente voltavam para perturbar os habitantes do mundo da luz e às vezes os levavam com eles para o desconhecido, roubando-lhes a vida.

Quando as tropas austríacas tomaram as terras do leste da Europa, partes da Sérvia e da Valáquia, as forças de ocupação começaram a se dar conta de uma peculiar prática local e a documentá-la. A população dessa região exumava corpos para "matá-los". Alguns estrangeiros instruídos começaram a assistir a essas exumações e a fazer relatórios contando o que testemunhavam. Esses relatos, possivelmente distorcidos pela imaginação fértil de seus autores, acabaram infiltrando-se na Áustria, na Alemanha, na França e na Inglaterra. Foi assim que o restante da Europa tomou conhecimento dessas práticas, que de maneira nenhuma tinham origem recente, mas que pela primeira vez davam uma eficaz "publicidade" a "estranhos acontecimentos na Transilvânia". O *vampir* eslavo, ou *vpir*, como também era chamado, assemelhava-se a outras criaturas da Europa que recebiam nomes completamente diferentes em suas próprias culturas. O fato de esse fenômeno não se restringir apenas a uma pequena região com práticas primitivas, mas estar amplamente difundido, fez com que a história do *vampiro*, tal como o conhecemos hoje, ganhasse credibilidade. Estudiosos europeus descobriram casos de "mortos-vivos" em culturas longínquas, como a China, a Indonésia e as Filipinas. Ao que parecia, existiam vampiros em todo o mundo, numa variedade de culturas. Os vampiros eram pessoas mortas que tinham falecido antes do tempo e não só se recusaram a permanecer mortos, como voltaram para acabar com amigos e vizinhos.

Na literatura vitoriana, o vampirismo tinha uma conotação complexa entre insinuação sexual e elegância barroca.

Uma morte chama outra, eis uma antiga e acalentada crença em que se fundamenta um grande número de instintos complexos. O homem moderno perdeu há muito o contato com as suas intuições mais profundas, esses poços de sabedoria que não estão associados à razão. Na verdade, o vampiro, antigo e moderno, nasce nessas áreas do inconsciente em que ainda se conservam pequenas mas significativas reminiscências que afloram para nos dar pistas muito sugestivas, sem nunca nos oferecer toda a verdade.

Vampiros Além da Saga Crepúsculo é um livro baseado nessas lendas e alusões obscuras, surgidas ao longo de milhares de anos e registradas em relatos, documentos e encontros, que explicam sobre os anjos negros que perambulam por este mundo e se recusam a morrer. As informações são esparsas, reticentes e muitas vezes confusas, e tendem a gerar uma inesperada sensação de incredulidade naquele que tenta aprofundar-se no tema. Não existe nada que possa ser delineado com precisão, que o pesquisador possa racionalizar; só prevalece um profundo sentimento de dúvida: discussões com pessoas queridas, premonições de perigo, sonhos sobre monstros que atacam e correm e a tendência para viver sob uma espécie de sombra, aquela que o vampiro projeta quando abre a capa para acolher sua vítima.

O leitor desta obra deve ser avisado de que estas páginas contêm a essência do Príncipe das Trevas, de que este livro foi tirado da biblioteca do próprio conde Drácula, tão elegante quanto perigoso. Busque nas entrelinhas, nas lendas, o sangue escondido em segredo. Fatos ou ficção, quem sabe a diferença? Talvez não haja diferença na realidade. "Desfrutar" este livro é justamente mergulhar nessa realidade!

Capítulo 1

Anatomia de um vampiro

O que é um vampiro? É um ser humano, portanto um homem ou uma mulher, ou é, na verdade, um monstro maléfico, uma criatura horripilante, que por acaso tem forma humana? Esse dilema entre o seu aspecto humano reconhecível e a possibilidade de que haja adquirido uma aparência monstruosa é uma das chaves para compreender a sua "popularização", tanto em tempos remotos quanto nos dias de hoje. Assim como podemos ver o vampiro com forma humana, também existe uma versão grotescamente distorcida, que nos oferece o verdadeiro e horrível contraste entre a suave carne humana e a podridão da morte. Seus traços físicos são repulsivos: longas unhas que se curvam como garras; pele com a palidez da morte, exceto quando reanimada pelo sangue com que se alimenta; olhos muitas vezes descritos como "mortiços", mas dotados de um poder hipnótico; e presas semelhantes às do rato, preparadas para o ataque. O vampiro também é psicologicamente repulsivo: é cruel, desprovido de moral; vive à margem de qualquer tipo de sociedade normal, e portanto a ameaça; chupa sangue; mata sem piedade e, o que é pior, é capaz de perpetrar o mais definitivo e inumano dos atos: transforma as suas vítimas em criaturas tão hediondas quanto ele, uma decisão unilateral que ninguém meramente mortal sob o seu poder é forte o bastante para evitar.

O resultado dessa transformação é um homem ou mulher comum que, por meio de estranhos rituais envolvendo a troca de sangue, adquire a imortalidade. Mas a imortalidade do vampiro é acompanhada do castigo infligido a todo aquele que desafia as leis naturais. Os vampiros vivem "do outro lado"; são mortos que escolheram viver entre os vivos, em vez de ascender ou descer aos lugares onde todas as almas devem descansar antes de iniciar outra vida. O mundo deles é frio, sombrio e solitário. A mão da morte guia todas as suas ações, e sob o seu jugo eles têm de viver para sempre. Como veremos mais adiante neste livro, o desejo mais acalentado do ser humano sempre foi evitar o retorno da alma e pavimentar o caminho para o descanso dos mortos. O propósito original das lápides que encontramos em qualquer cemitério do mundo era apenas impedir que os mortos se levantassem.

O vampiro precisa matar, sua obrigação é fazer mal às comunidades dos homens de bem, pois ele serve à sua ama insaciável, a "Senhora Morte". Portanto, os vampiros que infestam aldeias remotas nas montanhas ou regiões pantanosas vagam pela escuridão dos bosques e habitam castelos abandonados. Nos dias de hoje, sente-se a sua presença em portos, construções e outros recantos proibidos das modernas metrópoles. A humanidade, no entanto, reuniu um arsenal de informações e materiais de referência sobre aparições de vampiros e seus hábitos um tanto repugnantes. Esse processo de busca e compilação de dados não é fruto apenas da fascinação, mas uma tentativa de ajudar as futuras vítimas do vampirismo, com a esperança de erradicar para sempre esse flagelo. Encarar o problema é meio caminho para resolvê-lo.

Dispomos, portanto, meros mortais que somos, de um grande volume de informações sobre como reconhecer um vampiro. Algumas de suas características são mais conhecidas que outras, provavelmente porque foram mais difundidas. Por exemplo, o fato de os vampiros temerem o sol, os crucifixos e o alho; sua incapacidade para cruzar a água; sua tendência para dormir em caixões; sua preferência por jovens virgens; a necessidade de levar consigo, para onde quer que vão, um pouco de terra da sua pátria e a exigência de ter sempre um assistente para fazer o trabalho sujo durante o dia.

Outros fatos podem ser menos conhecidos, mas merecem atenção, pois muitas vezes o mais importante está no menos conhecido. Os vampiros também têm a reputação de fazer segredo a respeito de suas próprias fraquezas. Por exemplo, existem vampiros de ambos os sexos; alguns são visíveis e outros podem mudar de forma ao bel-prazer; há os que não sugam o sangue das vítimas, mas preferem roubar algo ainda mais precioso, como a juventude, a esperança e o amor.

Talvez a atração exercida pelo vampiro deva-se justamente ao fato de ele ser tão repulsivo. Ele influencia de maneira tão poderosa a nossa imaginação porque representa uma distorção da natureza humana, a inversão de tudo o que é considerado normal. Essa é uma das armas que o vampiro utiliza para convidar as suas vítimas a encontrar a morte e o processo de transformação que as fará ser como ele. Ele captura a nossa imaginação e nos atrai para um caminho de desesperança enganosamente atraente. Essa é a sua maior habilidade; porém, como veremos, ele tem muitas outras.

Por isso, homens e mulheres do passado escreveram sobre estranhos e terríveis encontros com vampiros, para nos prevenir de seus perigos e assim nos dar armas para contra-atacar a sua poderosa força de sedução. As páginas a seguir descrevem esses seres tal como aparecem nos relatos. As informações foram coletadas de diversas partes do mundo e diferentes épocas, oferecendo ao leitor o maior espectro possível, para que ele possa permanecer alerta e, portanto, mais seguro.

Descobertas de sepulturas

Muito tempo antes de os vampiros encherem as páginas das histórias românticas de horror, como *Drácula,* de Bram Stoker, e se tornarem tão conhecidos a ponto de serem retratados em romances e filmes, eles infestavam as aldeias rurais do leste da Europa, como nas províncias da Hungria, da Romênia e da Transilvânia. A descrição mais comum do vampiro, a imagem que nos vem à mente quando pensamos nele, é a de um homem alto, muito magro e de porte aristocrático. Ele veste um traje preto e uma capa longa e envolvente. Em concessão à sua origem, pode ser que a vestimenta do vampiro clássico seja um pouco empoeirada e desgastada, como se tivesse conhecido tempos melhores. Contudo, ele é essencialmente um tipo elegante que não repeliríamos, ao menos à primeira vista. No entanto, se o examinássemos com um pouco mais de atenção, descobriríamos que o seu sorriso revela caninos protuberantes, exageradamente longos e pontiagudos; seu hálito é nauseabundo; suas unhas, longas e curvas como as garras de um animal; a sua tez, tão pálida como se tivesse acabado de se levantar da sepultura.

Mas os vampiros que assombravam as aldeias tinham na realidade essa aparência? De jeito nenhum. Na verdade, é importante que nos concentremos em outro tipo de vampiro, muito diferente desse um tanto grotesco mas em essência elegante personagem de filme, sobretudo para ajudar aqueles que permanecem mais atentos. Esse outro vive à espreita nos campos e caminhos rurais de um passado distante e ainda pode estar presente nas regiões mais remotas e sombrias. As histórias a seguir são fragmentos de relatos de testemunhas oculares, nossa melhor fonte de informação.

Relato da testemunha ocular número 1: Peter Plogojowitz

A história de Peter Plogojowitz remonta a 1725. Foi testemunhada por oficiais alemães estacionados na aldeia de Kisilova, no distrito de Rahm, agora Eslávia. Kisilova pertencia na verdade à Sérvia, embora fosse muitas vezes considerada parte da Hungria devido à confusa situação política da época.

Havia dez semanas que o nosso protagonista, Peter Plogojowitz, tinha morrido e sido enterrado de acordo com os costumes religiosos locais daquele tempo. Em uma semana, nove pessoas da aldeia, jovens e idosas, tinham morrido de uma enfermidade que só levara 24 horas para acabar com suas vítimas. Todas elas declararam que, "quando estavam no leito de morte, tinham recebido a visita do acima mencionado Plogojowitz, morto dez semanas antes, que havia se deitado sobre elas e as sufocado, de modo que sabiam que iriam morrer em breve".

Naturalmente, as pessoas do lugar ficaram muito aflitas ao ouvir esses relatos, mas seus temores sobre a autenticidade dos casos aumentaram ainda mais quando souberam que a mulher de Peter Plogojowitz tinha abandonado a aldeia depois da visita do marido para lhe pedir os seus *opanki*, ou sapatos.

E uma vez que esses seres (chamados vampiros) mostram sinais reconhecíveis, como o corpo que não se decompõe e a pele, o cabelo, a barba e as unhas que crescem, os aldeões decidiram por unanimidade abrir a sepultura de Peter Plogojowitz e constatar se o corpo dele apresentava de fato esses sinais. Para isso eles me procuraram, contaram o sucedido e pediram a mim e ao papa local, o padre, que assistíssemos ao ato. E, embora a princípio eu desaprovasse, dizendo que a administração, tão digna de elogios, devia ser humildemente informada antes e sua elevada opinião levada em consideração, não quiseram saber de nada e em vez disso disseram apenas: eu poderia fazer o que quisesse, mas se não permitisse que vissem o cadáver legalmente e agissem como mandava o costume, eles teriam de abandonar as suas casas e seus lugares, porque na época em que recebessem uma graciosa resposta de Belgrado, talvez a aldeia inteira já tivesse sido dizimada pelo espírito maligno, e eles não queriam esperar que isso acontecesse, como já ocorrera no tempo dos turcos.

E o narrador continua:

Como não pude impedir que realizassem o que tinham decidido fazer, nem com boas palavras nem com ameaças, fui ao povoado de Kisilova e levei comigo o papa de Gradinsk. Vimos o corpo de Peter Plogojowitz recém-exumado e percebi, para ser totalmente fiel à verdade, que o cadáver não exalava o odor característico dos mortos e que, exceto pelo nariz um pouco desprendido, o corpo permanecia em perfeito estado. Tinha cabelos, barba e unhas novas, sua antiga pele tinha se desprendido e estava um tanto esbranquiçada, e havia surgido outra nova. O rosto, as mãos, os pés e todo o corpo estavam, inclusive, em melhor estado do que em vida. Qual não foi a minha surpresa quando vi sua boca manchada de sangue fresco que, segundo os presentes, tinha sido sugado das suas vítimas. Em resumo, o cadáver tinha todas as características que, como se menciona acima, dizem possuir essas pessoas. Depois que tanto eu como o papa vimos esse espetáculo, enquanto as pessoas ficavam cada vez mais furiosas em vez de temerosas, o povo bem depressa afiou uma estaca para cravar no coração do cadáver. E quando o perfuraram, porém, não apenas sangue fresco afluiu à sua boca e ouvidos, como havia outros sinais de luxúria (que não mencionarei por respeito à sua instituição). Por fim, o corpo foi reduzido a cinzas, de acordo com as práticas locais, sobre o que informo à mais honorável administração, e ao mesmo tempo gostaria de pedir, com obediência e humildade, que se houver cometido um erro nessa questão, que não seja atribuído a mim, mas à turba, que estava dominada pelo pânico.

Durante a Idade Média, todos os relatos de investigações documentados sobre vampiros deviam ser selados pelo funcionário local e por um médico. Os selos que aparecem acima são reproduções dos encontrados em tais documentos.

Esse extenso relato, escrito no característico linguajar burocrático utilizado no século XVIII no leste da Europa, revela que o vampiro Peter Plogojowitz era um camponês, como qualquer outro, da aldeia de Kisilova. Lamentavelmente, não se descreve o seu caráter ou traços físicos antes da morte, mas é muito claro pela descrição que não tinha origem aristocrática nem usava uma longa capa preta na sepultura, detalhes que dificilmente passariam despercebidos. O relato ilustra de maneira muito clara a diferença, pelo menos na aparência física, entre o vampiro ficcional e o folclórico. O primeiro, como já vimos, é elegante, aristocrático e excêntrico, e o aspecto grotesco da sua natureza só é visível se se observa com atenção. O segundo é talvez muito mais traiçoeiro, uma vez que se parece tanto comigo quanto com você, e pode ser confundido com qualquer uma dos milhares de pessoas que convivem conosco em nosso planeta.

Portanto, parece importante que examinemos atentamente as características de Peter Plogojowitz como relatadas no documento, para que possamos nos familiarizar com todas as espécies de vampiros, em todas as suas potenciais formas. Podemos começar examinando alguns dos sinais clássicos de vampirismo.

1. Uma leitura atenta do relato citado revela que o vampirismo toma forma de epidemia. Prova disso é que primeiro morreu Peter Plogojowitz e, uma semana depois, morreram mais nove pessoas, jovens e idosas, por causa de uma doença que as matou em 24 horas. Em consequência disso, acusou-se Peter Plogojowitz de lhes causar a morte, assim como uma vítima de uma epidemia de peste poderia ser responsabilizada pela morte de seus conterrâneos. À luz da medicina moderna, deveríamos descartar essa ideia de imediato, mas talvez esse seja um erro do homem "racional", que sempre precisa de uma prova "concreta" quando um mistério se esconde abaixo da superfície, corroendo as suas certezas. Para o camponês, que sempre levava em conta a magia, o vampirismo era uma epidemia. O vampiro transformava uma pessoa em outro de sua espécie, e este por sua vez convertia outra, e assim sucessivamente. Se não agissem rapidamente para acabar com essa peste, todos os vizinhos e amigos acabariam do mesmo jeito, e o vilarejo logo

passaria a infecção para a cidade e para o país, até que o mundo todo acabasse repleto de mortos-vivos. Esse devia ser o maior medo das pessoas que passavam por experiências como a da presença de Peter Plogojowitz, um medo que ainda existe. Prova disso são contos como *Place of Meeting*, de Charles Beaumont (1953) e histórias e filmes mais recentes, retratando a figura do morto-vivo em várias formas.

2. O vampiro descrito deixa a sua sepultura à noite, aparece diante das vítimas e lhes chupa o sangue ou as estrangula. Esse tipo de vampiro é conhecido pelos estudiosos como "ambulante" e é o mais comum.

3. No texto se diz que o corpo está "em perfeito estado", embora o nariz tenha se desprendido do rosto, o cabelo, a barba e as unhas tenham crescido e houvesse uma pele nova se formando embaixo da velha. Esta é uma importante característica dos vampiros: quando são exumados, não têm a aparência de mortos; pelo contrário, mostram sinais de rejuvenescimento.

4. O corpo não exala um odor nauseabundo, embora isso nem sempre ocorra quando se desenterram os vampiros. Um clérigo do século XVIII, Dom Calmet, observou que "quando desenterrados (os vampiros), o corpo está rosado e os membros flexíveis e maleáveis, sem vermes nem sinais visíveis de podridão; no entanto, desprendem um forte odor". O fedor do corpo é uma importante ligação entre o vampirismo e a praga, pois, como dissemos antes, segundo o folclore europeu, os vampiros causam epidemias. Com frequência se associam os maus odores à existência de uma enfermidade, até mesmo à sua causa. Parece lógico pensar que, se os cadáveres exalam mau cheiro, eles devem provocar enfermidade e morte. Para combater esses odores, substâncias com um odor penetrante como madeiras aromáticas, junípero ou cinzas, eram colocadas dentro do caixão. O vampirismo, portanto, era considerado contagioso.

5. Devemos talvez destacar que a prova mais forte do vampirismo de Peter Plogojowitz sejam as marcas de sangue da vítima em sua boca. A não ser que isso tenha sido planejado de alguma maneira, é difícil negar essa prova contundente. Quantos cadáveres conservam o sangue sem coagular? Além disso, seu próprio sangue também estava fluindo, o que o levou a ser condenado como um vampiro.

6. O documento revela que os aldeões cravaram uma estaca no vampiro, fazendo com que ele sangrasse profusamente, durante várias semanas, na sepultura. Os "sinais de luxúria" que o autor preferiu não descrever provavelmente se referem ao fato de o pênis do cadáver estar ereto. O vampiro é uma criatura sexual e sua sexualidade é obsessiva. Nas lendas da Iugoslávia, por exemplo, quando o vampiro não chupa sangue, pode acabar com a vida da viúva com suas intenções, até fazê-la definhar, como suas outras vítimas. Isso nos faz indagar se a única atividade do vampiro é chupar sangue, ou se suas jovens vítimas do sexo feminino também podem ser violadas.

Podemos concluir que Peter Plogojowitz foi a primeira pessoa da sua aldeia a representar um caso autêntico de vampirismo e, por contaminar outras pessoas, entrar para a história.

Podemos usar esse primeiro exemplo, então, para começar a nossa lista das "qualidades" autênticas dos vampiros:

1. Ele tem o poder de criar entre certos indivíduos escolhidos, que tanto podem ser homens quanto mulheres, uma espécie de epidemia de desejo luxuriante por sangue.

2. Quando se desenterra um vampiro, ele não parece estar morto. Sua carne não está decomposta e não há sinais de *rigor mortis*; o sangue ainda corre nas veias.
3. Parece haver evidências de que o vampiro conserva um grande apetite sexual e não perde esse vigor mesmo depois de enterrado.

Relato da testemunha ocular número 2: *Visum Et Repertum*

O relato a seguir é talvez o mais notável exemplo de vampirismo em que uma aldeia inteira é afetada. O caso foi tão grave que acabou atraindo a atenção das autoridades, e estas solicitaram um relato da história que acabou ficando conhecida como *Visum et Repertum* [Visto e Descoberto]. Essa história é de um homem chamado Arnold Paole, que morreu ao cair da sua carroça de feno. Sua morte sem dúvida passaria despercebida se não fosse pelo fato de seu corpo ter sido depois desenterrado, empalado e queimado. O relato, feito algum tempo depois, é um dos documentos mais fascinantes e curiosos já escritos.

VISUM ET REPERTUM

Depois de ser informado de que na aldeia de Medvegia os chamados vampiros tinham matado várias pessoas para chupar-lhes o sangue, fui enviado, por decreto do Honorável Comando Supremo da região, junto com outros oficiais designados para esse fim e dois suboficiais médicos, para investigar o assunto com mais profundidade. Para tanto levei a cabo e escutei a presente inquirição na companhia do capitão da companhia Stallath dos haidjucks (tipo de soldado), Gorschiz Hadnack, o bariactar (porta-estandarte) e o haidjuck mais velho da aldeia. Os acontecimentos ocorreram da seguinte forma: contam de maneira unânime que, uns cinco anos antes, um haidjuck da região, de nome Arnold Paole, quebrou o pescoço ao cair de uma carroça de feno. Em vida, esse homem costumava contar que, perto do bairro de Cassanova, na Sérvia turca, ele tinha sido atacado por um vampiro, razão pela qual tinha comido terra do túmulo da criatura e se lambuzado com seu sangue, para libertar-se do tormento que sofria. Vinte ou trinta dias após a morte dele, algumas pessoas começaram

ANATOMIA DE UM VAMPIRO · 23

Os anjos que cuidam dos mortos nos nossos cemitérios muitas vezes incorporam a atmosfera de obscuridade da qual pretendem nos proteger.

24 · MANUELA DUNN-MASCETTI

William Blake retrata, nesta gravura do século XVIII, a dor de uma grande perda.

a se queixar que o próprio Arnold Paole as havia atacado; na verdade, quatro pessoas foram mortas por ele. Aconselhados pelo seu hadinack (soldado), que havia presenciado tais acontecimentos antes, desenterraram Arnold Paole quarenta dias depois da morte para pôr fim a esses males e descobriram que seu corpo estava quase inteiro e intacto. Sangue fresco fluiu dos seus olhos, nariz, boca e ouvidos; sua camisa, a mortalha e o caixão estavam completamente ensanguentados; as antigas unhas das mãos e dos pés, como também a pele, tinham se desprendido e crescido de novo. Como por meio desses indícios eles viram que ele era um verdadeiro vampiro, cravaram em seu coração uma estaca, segundo o costume, e nesse momento ouviram-no soltar um gemido e viram-no sangrar copiosamente. Logo, nesse mesmo dia, os aldeões queimaram o corpo até reduzi-lo a cinzas e as lançaram na sepultura. Eles disseram também que todos aqueles que foram atormentados e assassinados por um vampiro acabam por se transformar em vampiros também. Devido a isso, desenterraram da mesma maneira as quatro pessoas mencionadas anteriormente. Segundo diziam, Arnold Paole atacava não só pessoas mas também o gado, e sugava-lhes o sangue. E como as pessoas tinham comido a carne desses animais, parece que alguns vampiros ainda estão presentes entre nós, uma vez que, num período de três meses, dezessete pessoas, tanto jovens quanto anciãos, algumas das quais sem nenhuma doença, morreram em dois ou no máximo três dias. Além disso, o haiduck Jowiza conta que sua enteada, Stanacka, foi dormir, quinze dias antes, perfeitamente sã e quando despertou, à meia-noite, soltou um grito terrível. Apavorada e trêmula, queixou-se de que tinha sido estrangulada pelo filho de um haiduck de nome Milloe, que tinha morrido nove semanas antes; ela começou a sentir uma forte dor no peito, que se agravava de hora em hora, até que finalmente morreu, depois de três dias. Em vista disso, nessa mesma tarde fomos ao cemitério, junto com os haiducks mais velhos já mencionados, para abrir as sepulturas suspeitas e examinar os cadáveres. Depois da autópsia de todos eles, foram encontrados:

1. Uma mulher de 20 anos chamada Stana, morta no parto dois meses antes, depois de uma doença de três dias, e que, segundo ela mesma declarou, havia se pintado com o sangue de um vampiro. Tanto ela quanto o bebê, falecido ao nascer, tinham sido parcialmente devorados por cães porque haviam sido enterrados com descuido, e por isso deveriam ser vampiros também. Ela

estava inteira e intacta. Depois de abrirem o corpo, encontraram sangue fresco extravascular na cavitate pectoris. *Os* vasa *(vasos)* das arteriae e venae, *como a* ventricullis ortis, *não estavam, como ocorre normalmente, cheios de sangue coagulado, e todas as vísceras, isto é, o* pulmo *(pulmão)*, hepar *(fígado)*, stomachus *(estômago)*, lien *(baço)* et intestina *(intestinos) estavam em ótimas condições, como os de uma pessoa saudável. O útero, no entanto, estava bastante dilatado e inflamado externamente, pois a placenta e a secreção uterina ainda estavam em seu interior e, portanto, em completo estado de* putredine. *A pele das mãos e dos pés e as antigas unhas tinham se desprendido e voltado a crescer, assim como uma pele nova e vívida.*

2. *Uma mulher de 60 anos chamada Miliza, que tinha morrido depois de padecer durante três meses de uma doença e tinha sido enterrada havia mais de noventa dias. No peito, foi encontrado muito sangue líquido e o restante das vísceras estava, como no caso anterior, em bom estado. Durante a autópsia, todos os* haiducks *que estavam ao redor mostraram surpresa com sua gordura e corpo perfeito, e de modo unânime declararam que conheciam bem a mulher desde a juventude e que havia sido muito magra e franzina, por isso enfatizaram que ela havia adquirido sua robustez na sepultura. Segundo eles, era ela quem tinha iniciado os vampiros dessa vez, pois tinha comido a carne das ovelhas mortas pelos vampiros.*

3. *Um bebê de 8 dias, que havia permanecido no túmulo por noventa dias e apresentava os mesmos sinais de vampirismo.*

4. *O filho de um* haiduck, *de 16 anos de idade, que havia permanecido embaixo da terra por nove semanas, depois de morrer de uma doença que durou três dias, e foi encontrado com o aspecto dos outros vampiros.*

5. *Joachim, também filho de um* haiduck, *de 17 anos de idade, que havia falecido depois de uma doença que durara três dias. Ele havia sido sepultado oito semanas e quatro dias antes e, quando dissecado, encontraram-no nas mesmas condições.*

6. *Uma mulher chamada Ruscha, morta depois de uma doença de dez dias e enterrada seis semanas antes. Ela não só tinha muito sangue fresco no peito como também em* fundo ventriculi. *Seu filho, de 18 dias, falecido cinco dias antes, encontrava-se em condições semelhantes.*

ANATOMIA DE UM VAMPIRO · 27

A imagem acima traz à mente as palavras do filósofo francês Jacques Lacan: "O espelho pode refletir durante um pouco mais de tempo antes de devolver a imagem ao seu dono".

7. *Uma menina de 10 anos, morta dois meses antes. Encontrava-se inteira e intacta, com muito sangue no peito.*
8. *A esposa do hadnack e seu filho. Havia sete semanas que ela havia morrido, e o filho, de 8 semanas, havia falecido 21 dias antes. Foram encontrados, mãe e filho, completamente decompostos, embora a terra e as sepulturas se encontrassem como os dos vampiros enterrados nas proximidades.*
9. *Um criado do corpo de haiducks da região, de nome Rhade, de 23 anos, morto depois de uma doença de três meses. Estava em completo estado de decomposição, depois de permanecer sepultado durante cinco semanas.*

10. A esposa do bariactar da região, com seu filho, mortos cinco semanas antes, e que estavam completamente decompostos.
11. Stanche, um haiduck da região, de 60 anos, falecido seis semanas antes, e cujo peito e estômago continham muito sangue líquido. Os sinais de vampirismo várias vezes citados estavam presentes em todo o corpo.
12. Milloe, um haiduck de 25 anos, que havia permanecido embaixo da terra durante seis semanas, foi encontrado no mesmo estado de vampirismo já mencionado.
13. Stanoika, a esposa de um haiduck, de 20 anos, morta 18 dias antes, depois de uma doença de três dias. Na autópsia, encontrei seu semblante bastante rosado. Como já mencionado, ela tinha sido estrangulada por Milloe, o filho do haiduck. Também se podia observar, no lado direito, abaixo da orelha, uma marca azulada, da espessura de um dedo. Quando foi tirada da sepultura, sangue fluiu pelo nariz. Com a autópsia, descobri, como já mencionado, sangue fresco e fragrante não só na cavidade peitoral como também em ventrículo cordis. Todas as vísceras estavam em perfeito estado e saudáveis. A hipoderme de todo o corpo e as unhas das mãos e dos pés não demonstravam nenhum sinal de putrefação. Depois que o exame dos cadáveres terminou, os ciganos da região decapitaram os vampiros e os queimaram; depois jogaram as cinzas no rio Morava. Os corpos decompostos, no entanto, foram novamente enterrados. Dou este testemunho junto com médicos militares.

Essas páginas poderiam perfeitamente ter sido extraídas de um romance de terror. No entanto, esse e muitos outros relatos, assinados e testemunhados por autoridades e médicos locais e até de cidades maiores, formaram a base tangível da crença no vampirismo. Esses acontecimentos, embora tenham permanecido ocultos nas páginas amareladas dos livros de história, são tão verdadeiros quanto qualquer acontecimento histórico e criaram um fascínio horroroso para os ouvidos refinados do espírito romântico que prevalecia na Europa na época. É fácil imaginar as especulações, elucubrações e transformações que despertaram esses relatos verídicos e o seu efeito catalisador sobre um público desejoso de tremer de medo com criaturas monstruosas que aterrorizavam terras distantes.

Como no caso anterior, podemos analisar várias observações inerentes a esse exame dos acontecimentos, e ver se elas têm algo a acrescentar à nossa lista de características. Em primeiro lugar, podemos destacar que a atitude geral das autoridades responsáveis pela investigação é parecida com a que hoje em dia se teria, por exemplo, diante de um acidente de trânsito ou uma epidemia local grave. Toda a questão é tratada com extrema seriedade.

1. A situação transtorna toda a região e não é considerada um acontecimento de pouca importância, que passe quase despercebido.
2. Em dois casos (Arnold Paole e Stana), as pessoas usaram o sangue dos vampiros como um antídoto contra o vampirismo. Em ambos, esse expediente parece ter falhado. Qual a origem desse "método"?
3. As pessoas se queixavam de que, depois de morto, Arnold Paole as atacava à noite.
4. Paole é desenterrado quarenta dias depois da morte. Segundo os médicos, o corpo não poderia estar intacto a essa altura. No entanto, ele é encontrado sem sinais de decomposição, seu sangue está fresco e seu cabelo e suas unhas continuaram a crescer depois da morte.
5. O corpo de Paole é empalado e cremado. O cadáver geme e sangra. Os oficiais, infelizmente, não testemunham isso diretamente, só registraram o que ouviram dizer.
6. Dizem que as vítimas dos vampiros também se transformaram num deles.
7. O vampiro também ataca o gado. As pessoas que comem a carne desses animais também se tornam vampiros.
8. O filho de Stana, mal sepultado, é desenterrado por cães. Essa é uma informação reveladora, pois os caixões começaram a ser usados, entre ou-

tras razões, pelo medo do vampirismo: o corpo poderia ser desenterrado acidentalmente por animais e, portanto, não poderia abandonar esta vida com tranquilidade, ficando vulnerável ao vampirismo.

9. Em um dos exemplos de exumação, o de Miliza, o corpo havia mudado de aspecto e engordado, embora em vida a mulher fosse magra. Esse é um fato importante, pois, como veremos posteriormente, crê-se que outro estado, inclusive contraditório a esse, é o que indica a existência de vampirismo.

10. Para provar que os cadáveres sem sintomas de decomposição são incomuns, assinala-se, por contraste, que os outros corpos se decompuseram naturalmente.

11. Um dos vampiros (Stanoika) tinha uma marca abaixo da orelha, considerada por Fluekinger como um sinal de "estrangulamento". No entanto, como era costume procurar essa marca na pele de uma bruxa ou de um vampiro, essa descoberta só confirmava a crença de que havia algo pouco natural ocorrendo no corpo.

Na mesma ilha, assistimos a uma cena bastante diferente e trágica, ocasionada por um desses cadáveres que, segundo a crença, voltara a andar entre os vivos depois de enterrado. O que vou contar aconteceu em Miconos a um camponês briguento e mal-humorado, circunstância importante a destacar para que se compreendam os acontecimentos posteriores. Ele foi morto no campo, ninguém sabia como ou por quem. Dois dias depois de ser enterrado numa capela na cidade, surgiram rumores de que o viram perambulando à noite, dando longas passadas; ele entrava nas casas, derrubava a mobília, apagava luzes, abraçava pessoas por trás e fazia mil travessuras. A princípio, as pessoas só riam, mas o assunto começou a ficar sério quando as pessoas mais respeitadas do lugar começaram a se queixar. Até mesmo os papas reconheceram o fato, e sem dúvida tinham motivos para isso. Apesar das missas, o camponês continuou com as suas escapadas. Depois de várias reuniões das autoridades da cidade e de seus padres e monges, concluíram que seria necessário, de acordo com não sei muito bem que cerimônia antiga, esperar nove dias depois do enterro.

No décimo dia, celebraram uma missa na capela onde se encontrava o corpo, para expulsar o demônio que, segundo acreditavam, havia se escondido dentro dele. O corpo foi desenterrado depois da missa e tentaram extrair seu coração. O açougueiro

ANATOMIA DE UM VAMPIRO · 31

É fácil entender como as lendas de um passo distante mantêm o seu poder na mente humana, uma vez gravadas em pedra.

da cidade, muito velho e desajeitado, começou a abrir a barriga em vez do peito, e remexeu suas entranhas sem encontrar o que buscava. Por fim, alguém o informou de que devia cortar o diafragma e, diante da surpresa de todos, ele arrancou o coração. Mas o corpo desprendia um mau cheiro tão forte que tiveram de queimar incenso, mas a fumaça, misturada com as emanações do cadáver em decomposição, não fez nada mais do que aumentar o odor, que começou a incendiar as mentes dessa pobre gente. Sua imaginação, golpeada pelo espetáculo, encheu-se de visões. Deram para dizer que a espessa fumaça vinha do corpo e não nos atrevemos a contradizê-los. As pessoas na igreja e na praça não paravam de gritar "Vrykolakas!", termo que usam na Grécia para designar os vampiros. O boato correu pelas ruas como pólvora; esse nome parecia ter sido inventado para fazer tremer a abóbada da capela. Vários presentes afirmaram que o sangue desse desafortunado homem estava bastante vermelho e o açougueiro jurou que o corpo ainda estava quente, concluindo-se assim que o morto tinha o grave defeito de não estar totalmente morto ou, melhor dizendo, de ter se deixado reanimar pelo demônio, pois essa é exatamente a ideia que eles têm do que seja um vampiro. Esse termo ressoava de modo surpreendente. Logo chegou uma multidão que assegurava, aos gritos, ter visto claramente, quando levaram o cadáver dos campos para ser enterrado na igreja, que ele não estava rígido, e essa era a prova de que se tratava de um verdadeiro vrykolakas. Esse era o refrão.

Não tenho dúvida de que, pela grande surpresa que sentiu diante do sucedido e por estar convencida do retorno dos mortos, que se não estivéssemos presentes essa gente continuaria insistindo que o corpo não exalava odor nauseabundo. E quanto a nós, que ficamos bem próximos do cadáver para fazer as nossas observações, quase morremos com o grande fedor que exalava. Quando nos perguntaram o que achávamos do cadáver, respondemos, para acalmar ou ao menos não excitar ainda mais a imaginação fértil dessas pessoas, que ele parecia adequadamente morto. Dissemos que não era de se estranhar que o açougueiro tivesse encontrado o corpo quente ao inspecionar as entranhas em putrefação; os gases, por sua vez, eram normais, pois também se desprendiam quando se remexia o esterco; e o sangue supostamente vermelho, era evidente que nas mãos do açougueiro não era nada além de uma massa fedorenta.

Depois de ouvir todas as nossas racionalizações, decidiram ir à praia queimar o coração do cadáver; apesar dessa execução, estavam cada vez menos dóceis e mais ruidosos do que nunca. Acusavam-no de atacar as pessoas à noite, de entrar sem permissão nas casas, pela porta e até pelo telhado; de quebrar janelas, rasgar roupas e esvaziar jarros e garrafas. Ele era um morto muito sedento. Nenhuma casa se livrou do seu ataque, salvo a do cônsul, onde estávamos hospedados. Jamais vi a ilha em estado tão lastimável. Até as pessoas mais sábias eram vítimas do vampiro. Era uma doença do cérebro, tão perigosa quanto a loucura ou a ira. Viam-se famílias inteiras deixando suas casas, algumas carregando seus colchões de palha, abandonando as regiões mais afastadas da ilha e acomodando-se na praça principal para passar a noite. Todo mundo protestava contra algum novo insulto e, quando caía a noite, só se ouviam gemidos. Os mais inteligentes se mudaram para o campo. Diante disso, resolvemos não dizer nada. Não só nos trataram como loucos, mas como infiéis. Como devolver a razão a uma população inteira? Aqueles que no fundo pensavam que não acreditávamos no vampirismo, nos reprovavam por nossa incredulidade e afirmavam que passagens do padre Richard, um missionário jesuíta, em Shield of Faith, merecedoras de todo o seu crédito, provavam a existência dos vrykolakas. Diziam que, por ser ele latino, deveríamos acreditar. E que não iríamos a parte alguma negando a conclusão. Faziam uma cena toda manhã, recitando os novos gracejos desse pássaro da noite, que era até acusado de cometer o pecado mais abominável.

Os cidadãos mais zelosos de buscar o bem público acreditavam que a parte mais importante da cerimônia não tinha sido realizada de maneira adequada. Segundo eles, a missão não poderia ter sido realizada antes que houvessem arrancado o coração do infeliz, e por isso o demônio não fora surpreendido. Começando pela missa, tinham dado tempo para o demônio fugir e regressar quando lhe fosse conveniente.

Depois de todo esse falatório, encontravam-se como no primeiro dia. Reuniam-se noite e dia, discutiam e organizavam procissões de três dias e três noites. Obrigaram os papas a jejuar, a ir de casa em casa, com o aspersório, para benzer as portas com água benta. Chegaram até a encher a boca do pobre vrykolakas com ela.

Chegamos a explicar muitas vezes às autoridades que, em situação parecida, na Cristandade, tinham posto um vigia à noite para averiguar o que ocorria, e acabaram por prender alguns vagabundos que certamente estavam envolvidos. Mas pelo que parece eles não eram os agentes principais, ou foram soltos cedo demais, pois dois dias depois, para compensar o jejum da prisão, começaram outra vez a esvaziar os jarros de vinho dos cidadãos que haviam sido suficientemente tolos para abandonar suas casas à noite. Depois disso, puseram-se novamente a rezar.

Um dia, quando faziam certas orações, depois de ter plantado não sei quantas espadas na sepultura do cadáver, que desenterravam três a quatro vezes por dia, um albanês que por acaso se encontrava em Mikonos afirmou em tom professoral que era ridículo usar espadas de cristãos num caso como aquele. "Não viam, essa pobre gente cega, que o formato de cruz dessas espadas impedia o demônio de deixar o corpo!? Em vez disso, por que não usar sabres turcos?" A opinião desse homem astuto de nada serviu. O vrykolakas não se comportou melhor e o povo voltou a se desesperar. Não sabiam a que santo apelar, mas a uma só voz, como se estivessem todos de acordo, começaram a gritar por toda a aldeia que já haviam esperado demais e deveriam queimar o corpo. Depois disso desafiaram o demônio a voltar ao corpo. Era melhor chegar a esse extremo antes que a ilha ficasse deserta. De fato famílias inteiras já tinham começado a preparar sua mudança para Siros ou Tinos. Assim, por ordem dos governantes da ilha, levaram o vrykolakas até uma extremidade da ilha de São Jorge, onde tinham preparado uma grande pira funerária com alcatrão, uma vez que temiam que a madeira apenas, muito seca, não queimasse tão rapidamente. Os restos do pobre cadáver se consumiram com extrema velocidade. Isso aconteceu em janeiro de 1701. Quando retornávamos de Delos, vimos a fogueira, que poderíamos chamar de fogueira do júbilo, pois não ouvíamos mais as queixas por causa do vrykolakas. Estavam satisfeitos, pois desta vez o demônio fora pego e, para comemorar, compuseram canções que o ridicularizavam.

O povo de todo o arquipélago estava convencido de que o demônio só reanima cadáveres de gregos ortodoxos. Os habitantes da ilha de Santorini estavam aterrorizados por um tipo de lobisomem, enquanto em Mikonos, depois que suas visões foram dissipadas, passaram a temer as perseguições dos turcos e do bispo de Tinos. Nenhum papa quis estar presente na ilha de São Jorge quando queimaram o corpo, pois temiam que o bispo exigisse uma soma em dinheiro por terem exumado e cremado um cadáver sem sua permissão. Quanto aos turcos, em sua primeira visita à ilha, fizeram certamente com que o povo de Mikonos pagasse por todo sangue derramado por esse pobre-diabo, que acabou tornando-se uma abominação e horror para o seu país, em todos os sentidos.

Por que será que, na ficção, quase todas as visitas a castelos de vampiros ocorrem durante grandes tempestades, com raios e chuva abundante?

Além do físico

A característica mais marcante de um vampiro é o fato de que, apesar de parecer humano, ele não se assemelha a nenhum outro homem. Esse fato enigmático é provavelmente o seu maior poder sobre os simples mortais, que se sentem atraídos pela sua beleza fugidia, por algo que parece real mas não é, pelo poder de uma criatura que é, na verdade, uma ilusão "humana".

Os vampiros decidiram viver entre nós justamente *porque* parecemos obcecados pelo que não podemos possuir, *porque* ansiamos obter o impossível, *porque* satisfazemos os nossos desejos, medos e expectativas e acabar com o vácuo na nossa vida com o que eles representam. Poderíamos até dizer que o vampiro é um espelho perfeitamente polido no qual projetamos todos os nossos sonhos e fantasias, sexuais e intelectuais, e a projeção dota essa estranha criatura de uma atração a que achamos impossível resistir.

Para entender o poder sutil que os vampiros exercem sobre a nossa psique, podemos começar refletindo sobre as histórias de seres humanos que encontraram sua perdição ao cair em seu poder, e cujas vidas, amores, almas e corações foram roubados por essas criaturas maléficas da escuridão.

> *Ele contemplava a alegria à sua volta como se não pudesse participar. Ao que parecia, os risos levianos das beldades apenas lhe atraíam a atenção, para que pudesse, com um único olhar, extingui-los e incutir medo nos corações onde somente reinava a despreocupação. Qualquer um que sentisse essa sensação de assombro não conseguiria explicar de onde ela vinha: alguns a atribuíam aos seus mortiços olhos cinzentos que, ao se fixarem num rosto, não parecia penetrá-lo até transpassar o coração, e sim abater-se sobre a face como um raio acinzentado, pesando sobre a pele sem poder atravessá-la.*[1]

Essa passagem foi extraída do famoso conto do dr. John Polidori (1795-1821), *O Vampiro*. O dr. Polidori, tio do pintor Dante Gabriel e da poetisa

---

[1] Este e outros trechos de *O Vampiro*, de John Polidori, foram extraídos de *O Vampiro antes de Drácula*, tradução de Martha Argel e Humberto Moura Neto, Editora Aleph, SP, 2008.

ANATOMIA DE UM VAMPIRO · 37

O mundo do cinema enriqueceu nosso passado mitológico com histórias misteriosas de terror. Acima, Max Scherck como Conde Orlok em Nosferatu (FW Murnau, 1922).

Cristina Rossetti, foi a pessoa mais jovem a receber o diploma de médico da University of Edinburgh. Também foi companheiro de viagem do grande poeta e escritor romântico inglês George Gordon, mais conhecido como Lord Byron (1788-1824). Em 1816, este planejou uma viagem pela Europa, passando pela Suíça, onde moravam seus amigos Percy Bysshe Shelley e a esposa, Mary Shelley. Byron escolheu Polidori como companheiro de viagem por causa da sua conversa cativante e porque na época era costume levar um médico em viagens longas. Mas os dois homens discutiam frequentemente durante a viagem e os ânimos estavam exaltados quando chegaram em Genebra, onde se reuniram aos Shelley. Durante um período de mau tempo, para se entreter o grupo decidiu ler algumas histórias de fantasmas traduzidas do alemão para o francês. Um dia, inspirados pelas trevas refletidas pelas águas tempestuosas do lado de Genebra, Byron propôs que cada um deles escrevesse uma história de terror. Mary Shelley imaginou a história de seu romance *Frankenstein* e logo se pôs a escrever. Percy Shelley perdeu rapidamente o interesse pelo projeto e não escreveu nada. Lord Byron redigiu um breve fragmento de uma história em seu caderno de notas. As discussões entre Polidori e Byron continuaram e o médico acabou deixando Genebra. Em 1819, um conto intitulado *O Vampiro* foi publicado na *New Monthly Magazine* e atribuído a Lord Byron. A edição do mês seguinte, porém, continha uma carta do dr. Polidori afirmando ser ele o autor da história, embora admitisse que ela fora baseada nos fragmentos que Byron tinha começado a escrever em Genebra. O personagem principal, Lord Ruthven, aparentemente é inspirado no próprio Lord Byron e nos oferece muitas pistas sobre a intrigante natureza do vampiro.

Aubrey, o alter ego de John Polidori na história, é enfeitiçado pelo poder de sedução de Lord Ruthven (Lord Byron) e decide observá-lo mais de perto:

> *Ele o observou, atraído pela própria impossibilidade de formar uma ideia do caráter daquele homem que, completamente absorto em si mesmo, não dava mostras de notar objetos externos além do tácito reconhecimento da existência deles, com o intuito de evitá-los. Permitindo à imaginação pintar tudo o que satisfizesse sua propensão a ideias extravagantes, logo transformou o objeto de sua atenção num herói de romance, e se dispôs a observar os fruto de sua fantasia em vez da pessoa que tinha diante de si.*

Esse é o primeiro passo perigoso para cair na teia que recobre a entrada dos domínios do vampiro: como a criatura parece estar "completamente absorta em si mesma" e não parece haver nada em seu caráter ou personalidade em que apoiar a suspeita de vampirismo, a mente humana começa a elaborar, a construir uma fantasia sobre a realidade e o vampiro se transforma no "herói de uma história idílica".

O segundo passo para a teia do vampiro baseia-se no desejo da mente humana de acreditar nos seus filhos ou semelhantes, em vez de enfrentar a realidade nua e crua. Em outras palavras, preferimos acreditar mais nas nossas

Lord Byron (à esquerda) e Mary Shelley (abaixo), dois dos criadores do vampirismo literário do século XIX.

O título de Byron, no entanto, revelou-se falso, pois seu maior trabalho sobre vampirismo foi escrito por Polidori.

fantasias do que naquilo que percebemos com os nossos sentidos. Portanto, o vampiro parece vazio como uma sombra e nós, os observadores humanos, podemos projetar sobre ele qualquer forma que se ajuste à nossa imaginação, crendo piamente que o vampiro é *esse*, e não outro. Dessa maneira complexa e perturbadora começa a se formar a sua imagem, por meio do equilíbrio entre fantasia e realidade. O vampiro suga não só o sangue, mas também a energia psíquica que controla as funções físicas e mentais. Lenta mas certamente ele se torna uma projeção perfeita dos nossos desejos.

O vampiro do folclore, tirado de histórias como essas que lemos, é muito diferente do que aparece nas obras de ficção. Sua cor nunca é pálida, como seria de se esperar de um cadáver. Seu rosto costuma ser descrito como corado, ou de uma cor saudável, e isso pode ser atribuído ao seu hábito de "beber" sangue. "Os membros se mantêm flexíveis e o corpo está intacto e mais inchado; ele pode verter sangue fresco e a face é corada graças ao sangue que ele suga... os olhos estão abertos". A presença do sangue, principalmente nos lábios, pode ser uma das razões da associação do vampirismo com a peste. Na variedade pulmonar da doença, a pessoa expele sangue pela boca. E a combinação do sangue visível com as mortes inesperadas e súbitas pode dar a impressão de que o vampirismo é a causa da enfermidade.

Em alguns relatos de testemunhas, descobrimos que se nota uma peculiaridade nos dentes dos vampiros: "...os lábios que são grossos e vermelhos, quando entreabertos, revelam dentes longos, afiados como lâminas e de cor marfim". Também há uma crença popular muito difundida, no leste da Europa, segundo a qual as crianças com dentes ao nascer estão predestinadas a ser vampiras. Apesar dessas peculiaridades, os vampiros folclóricos e os ficcionais são parecidos, pois ambos supostamente usam os dentes para extrair sangue de suas vítimas.

Outra notável semelhança entre o vampiro ficcional e folclórico quando estão na sepultura é o fato de permanecerem tranquilos, como se estivessem numa espécie de transe, aguardando a hora de se levantar. Eles não são perigosos nessas condições, pelo menos até atacarem. Esse transe, mais do que qualquer outro sinal físico examinado até agora neste livro, indica a sua natureza não humana. A psicologia de um vampiro é mais vasta e profunda do que seu aspecto físico; o vampiro real possui características que vão muito além da natureza física observada pelos oficiais. Ele possui peculiaridades que só podem ser estudadas num relacionamento ainda mais íntimo.

Lord Ruthven, em sua carruagem e em meio aos mais diversos e ricos cenários naturais, era sempre o mesmo: seus olhos falavam menos que seus lábios e, embora Aubrey estivesse próximo ao alvo de sua curiosidade, não obtinha dele qualquer satisfação além da constante ansiedade de desejar, em vão, penetrar aquele mistério, que, em sua imaginação exaltada, começava a tomar um ar sobrenatural.

Aubrey observa que Lord Ruthven "era profuso em sua liberalidade", embora sua natureza caridosa pudesse ser questionada, porque ele entregava riquezas aos desocupados, malandros e mendigos, enquanto virava as costas para os virtuosos com um olhar desdenhoso, mesmo quando vítimas de infortúnio. Sempre que alguém batia à sua porta, pedindo algo, "não para aliviar suas necessidades, mas para permitir-se chafurdar na luxúria ou afundar ainda mais em iniquidade, partia ricamente recompensado". A generosidade dele era, porém, de uma natureza muito sinistra, pois "todos que a recebiam acabavam descobrindo que sobre ela pesava uma maldição, pois terminavam no cadafalso ou afundavam na mais desprezível miséria".

Lord Ruthven levava a mesma malignidade ao seu relacionamento com as mulheres: todas aquelas que ele tinha procurado, aparentemente por sua virtude, desde a sua partida "tinham deixado cair suas máscaras, sem nenhum escrúpulo, trazendo a público toda a deformidade de sua devassidão".

Lord Ruthven, o "vampiro", é um mestre da manipulação psicológica. Ele se aproveita dos desejos luxuriosos dos infelizes, oferecendo-lhes ainda mais, até que não tenham mais redenção possível. Em suas relações íntimas, tem a capacidade de transformar até a mais virtuosa das mulheres numa devassa. Mas quem poderia resistir ao seu poder? O vampiro da história de John Polidori usa o disfarce clássico: um homem culto e de bons modos, muito sofisticado e de linhagem antiga (um lorde, nunca menos que isso), com um vago e interessante passado, e tamanho carisma que poucos conseguem deixar de ser subjugados. Ele fala de si mesmo como um indivíduo sem nenhuma simpatia por nenhum outro ser deste povoado mundo, com exceção talvez daqueles a que ele próprio se decide dirigir e dos quais pretende obter algum benefício, em vez de oferecer ajuda.

Esse tipo de vampiro deve ser a pior e mais astuta das criaturas, uma vez que usa a arte da serpente para ganhar o maior dos afetos e a confiança de suas vítimas.

No conto *A Mysterious Stranger* (autor desconhecido, 1860), o vampiro descreve a si mesmo a um grupo de cinco homens a cavalo, liderados pelo Cavaleiro de Fahnenberg. Esses homens cavalgavam pelos Cárpatos para tomar posse de um castelo e das terras deixados de herança ao nobre pelo irmão sem descendentes. Ao cair da noite, um temido vento noroeste começou a soprar com fúria, até se transformar numa grande tempestade. Entre as rajadas de vento, o grupo podia ouvir os uivos dos lobos. Um escudeiro que os guiava até o seu destino final informou-os de que, nos limites do bosque que cruzavam, havia um lago onde habitava uma matilha de lobos ferozes. Diziam que esses lobos tinham matado até os enormes ursos das montanhas. Os uivos podiam ser ouvidos cada vez mais perto e com maior clareza, e logo eles passaram a ver os animais brilhando na escuridão da floresta. O grupo lutava contra a terrível tempestade e para sair do bosque, mas, como não conseguiam, buscaram refúgio no castelo de Klatka, que diziam ser mal-assombrado. De repente, quando o cavaleiro e seus acompanhantes estavam prestes a cruzar os portões do castelo, antes de ser devorados pelos lobos, um estranho saltou da sombra de um carvalho e, com algumas passadas, colocou-se entre o grupo e os lobos. Tão logo o estranho apareceu, os lobos desistiram da sua caçada, começaram a tropeçar uns nos outros e a uivar de medo. O estranho levantou a mão, agitou-a no ar, e as feras voltaram a se esconder no mato, como um bando de cães assustados. Sem nem sequer olhar os viajantes, que estavam surpresos demais para dizer alguma coisa, o desconhecido tomou o caminho do castelo e desapareceu.

Depois que o cavaleiro e seus companheiros tinham chegado e se instalado no castelo herdado, começaram a explorar a região a cavalo e deram, por acaso, com o castelo de Klatka. Ali eles encontraram o estranho, a quem agradeceram por tê-los salvo dos lobos. O desconhecido lhes contou que as feras o temiam. Para demonstrar a sua gratidão, o cavaleiro convidou-o para visitá-lo em sua nova residência. O estranho parecia reticente diante da possibilidade de ver pessoas e respondeu, "... além disso, eu geralmente fico em casa durante o dia; é minha hora de descanso. Eu pertenço, como devem saber, à classe de pessoas que trocam o dia pela noite e que aprecia tudo o que é incomum e peculiar".

Alguns dias depois, porém, ele se apresentou no castelo do cavaleiro, na hora do jantar. No ambiente iluminado da sala de jantar, todos puderam vê-lo bem:

Era um homem de aproximadamente 40 anos, alto e extremamente magro. Não se podia dizer que suas feições fossem pouco interessantes, pois havia algo de ousadia nelas, mas a expressão era tudo menos benevolente. Havia sarcasmo e desdém em seus olhos gélidos e cinzentos, cujo olhar, no entanto, era às vezes tão penetrante que não se podia fitá-los por muito tempo. Sua pele era ainda mais peculiar que suas feições, entre pálida e amarelada; acinzentada, de um branco sujo, como a de um índio que tivesse febre durante muito tempo. Isso era ainda mais surpreendente em contraste com a barba muito negra e o cabelo aparado. Os trajes do desconhecido eram os de um cavaleiro, mas antiquados e descuidados; havia grandes manchas de ferrugem na gola e no peitoril da sua armadura, e sua adaga e o punho finamente trabalhado da sua espada estavam parcialmente embolorados.

Essas descrições nos dão uma ideia das características não humanas do vampiro: um certo distanciamento tanto dos assuntos mundanos como dos seres humanos; uma vontade endurecida que o *obriga a zombar da vida e de tudo o que é bom e virtuoso*; o olhar hipnótico; a manipulação dos sentimentos e da mente, e um encantamento que leva as suas vítimas a afundar no mundo sombrio do mal. Há características que não encontramos todos os dias nas ruas e, sempre que um desconhecido as demonstra, devemos manter nossa alma em alerta e evitar cair nas armadilhas de um vampiro, que leva numa só direção – a morte.

Capítulo 2

O nascimento dos mortos-vivos

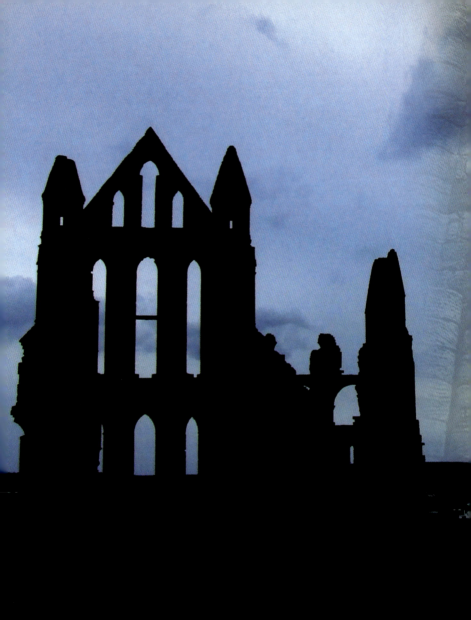

Vamos analisar mais a fundo agora como nasce um vampiro. Segundo já foi revelado nas páginas anteriores, essas criaturas eram humanas antes de passar por um processo único de transformação. Depois de morto, o corpo do vampiro permanece misteriosamente ativo e continua assim durante anos, até séculos, caso não seja "morto" outra vez. Também sabemos que as suas vítimas transformam-se em vampiros também, que o vampirismo é contagioso e, pode, inclusive, provocar epidemias, como a peste.

Mas essa não é a história toda. Ainda existem perguntas sem resposta. Por exemplo, existem prerrogativas para o vampirismo, regras "não naturais", por assim dizer, segundo as quais só certos tipos de vítima tornam-se vampiros. Ou será que todos nós podemos ser transformados em um deles? Se um vampiro chupa o sangue de seres humanos – e ele pode morder várias pessoas numa só noite –, todas as suas vítimas se tornam vampiros ou existe um processo de seleção?

As respostas para essas perguntas são confusas porque os vampiros são criaturas extremamente astutas e criativas, e não querem ser "pegos em flagrante", quando estão cravando os caninos afiados na jugular da vítima. Nas poucas ocasiões em que testemunhas de primeira mão confirmaram sob juramento sua presença num confronto entre um vampiro e sua vítima, elas se preocuparam mais em descrever o modo como matar o vampiro do que em examinar as causas do ataque. Em alguns casos não se pode ter certeza de que foi o espírito da pessoa morta que à noite aterrorizava a população e matava outras pessoas, ou se era o corpo que saía do túmulo, matava na escuridão da noite e voltava antes do amanhecer. Nos relatos analisados no capítulo anterior, nada se mencionou sobre o estado dos túmulos, se tinham sido abertos e assim por diante. Como as principais testemunhas, as vítimas, estavam todas mortas, só restaram provas circunstanciais.

O melhor relato sobre como nasce um vampiro é feito no excelente livro de Anne Rice, *Entrevista com um Vampiro*. A sua riqueza de detalhes satisfaz a nossa sede de respostas e descreve muito bem o processo físico que sofre o corpo durante a transformação. A pessoa que passa por essa metamorfose deixa de lado todas as leis físicas que regem a vida humana comum e adota outras que lhe permitem viver fora do tempo e da deterioração física.

Nesse livro, o vampiro Louis conta seu rito iniciático a um jovem jornalista americano dos dias de hoje. Ele explica que se transformou em vampiro quando tinha 25 anos, no ano de 1791. Uma grande tragédia abateu-se sobre a sua família, provocando-lhe uma grande culpa, que o fez perder a fé na vida e em si mesmo.

Passei a beber o tempo todo e a ficar em casa o mínimo possível. Vivia como um homem que queria morrer, mas não tinha coragem para fazê-lo sozinho. Andei em ruas e vielas escuras, estava sempre em cabarés. Escapei de dois duelos, mais por covardia e apatia, pois na verdade queria ser morto. E, então, fui atacado. Poderia ter sido qualquer um – eu era um convite para marinheiros, ladrões, maníacos, qualquer um. Mas foi um vampiro.[2]

O vampiro chupa o sangue de Louis quase a ponto de matá-lo, então volta depois de algumas noites. Louis está tão fraco que a princípio ele o confunde com um dos médicos que o visitam. Mas assim que o rosto do vampiro se mostra à luz da lamparina, Louis se dá conta de que ele não era um ser humano normal.

Seus olhos cinza ardiam com uma incandescência, e as mãos longas e brancas que pendiam a seu lado não eram as de um ser humano. Acho que compreendi tudo na-

---

[2] Este e outros trechos citados foram extraídos de *Entrevista com o Vampiro*, tradução de Clarice Lispector, Editora Rocco, RJ, 1976.

Craig Hall, em Perthshire, visto dos bosques sombrios e cobertos de relva mais abaixo, evoca cenas de *Drácula*, de Bram Stoker, em que o terrível conde pretende se mudar para o Reino Unido. É possível que tivesse escolhido como residência um castelo como este.

quele instante, e tudo o que me disse depois seria dispensável. Quero dizer que, no momento em que o vi, percebi sua extraordinária aura e compreendi que se tratava de uma criatura como eu jamais vira, e que eu estava reduzido a nada. Aquele ego que não pôde aceitar a presença de um ser humano extraordinário a seu lado estava esmagado. Todas as minhas concepções, até mesmo minha culpa e minha vontade de morrer pareciam subitamente não ter nenhuma importância. Esqueci completamente de mim mesmo! (...) E, no mesmo instante, compreendi inteiramente o significado do que poderia acontecer. Dali em diante só senti uma crescente curiosidade. Enquanto ele falava comigo e me dizia o que deveria esperar, o que havia sido e ainda era sua vida, meu passado passou inteiro por minha mente.*

Neste relato também percebemos que o primeiro passo para o domínio do vampiro é a fascinação hipnótica, produzida principalmente pela promessa de

Conta-nos o personagem Louis no excepcional livro *Entrevista com o Vampiro*, de Anne Rice: "Seus olhos cinza ardiam com uma incandescência, e as mãos longas e brancas que pendiam a seu lado não eram as de um ser humano".

uma vida eterna, livre dos valores e deveres humanos. O desejo imperioso de se afastar de tudo, de fugir das preocupações, dos prazeres e das obrigações mundanas é a porta pela qual o vampiro é convidado a entrar na vida da sua vítima em potencial. Ele se introduz na sua vida para tomá-la, aniquilá-la e transformá-la em algo sobrenatural, numa estranha existência que corre em paralelo à vida humana e, no entanto, está irremediavelmente separada dela, uma vez que seu principal propósito é dela se alimentar. De certo modo, o desejo da vida eterna, dotada de poderes sobrenaturais, torna-se o maior pecado do ego e, em consequência, o vampirismo não é mais do que um castigo.

Quando Louis, o vampiro, e Lestat, seu iniciador, matam a sua primeira vítima, o primeiro entende por que o destino o escolheu para transformá-lo num ser sobrenatural:

> Encarava o fato de me tornar um vampiro sob dois aspectos: o primeiro era mero encanto. Lestat me conquistou em meu leito de morte. Mas o outro aspecto era meu próprio desejo de autodestruição. Ansiava por ser intensamente amaldiçoado. Foi por esta porta que Lestat penetrou, em ambas as ocasiões. Naquele momento eu não destruía a mim mesmo, mas a outro.

Louis, que ainda tinha alguns sentimentos humanos, deseja morrer, pois descobre que essa nova forma de existência é insuportável e abominável. Então, Lestat o ataca para concluir o ritual de transformação de um humano em vampiro. Louis lembra-se de que o movimento de seus lábios arrepia os pelos de todo o seu corpo, enviando uma corrente de sensações por todo o seu corpo, que não pareceu muito diferente do "prazer da paixão". Enquanto Lestat suga seu sangue, Louis se enfraquece até ficar paralisado e algo extraordinário acontece para completar o ritual: Lestat morde seu próprio pulso e se aproxima de Louis para que ele possa beber seu sangue e saborear o prazer de ser um vampiro pela primeira vez.

> Bebi, sugando o sangue vindo dos furos, experimentando pela primeira vez, desde a infância, o prazer especial de sugar um alimento, o corpo inteiro preocupado com a fonte vital.

Louis então ouve um barulho alto, que primeiro parece um rugido e depois algo que se assemelha à batida de um enorme tambor; como se uma imensa criatura de um bosque sombrio e estranho se aproximasse. Não passa muito tempo até que ele ouve outro tambor e o som de ambos aumenta cada vez mais até preencher todo o seu corpo e seus sentidos. Suas têmporas latejam no poderoso ritmo desse som. Quando Lestat finalmente libera o seu braço da mordida de Louis, este percebe que o som dos tambores era, na verdade, o som dos seus corações, e que o intercâmbio de sangue é como uma penetração, só que no mais profundo cerne do outro ser. Depois dessa poderosa experiência, Louis atravessa os umbrais entre o humano e o sobrenatural e começa a ver o mundo à sua volta com os olhos do mistério.

Vi como um vampiro vê. (...) Era como se aquela fosse a primeira vez que percebia cores e formas. Fiquei tão entretido com os botões do casaco preto de Lestat que, durante algum tempo, não olhei para mais nada. Então Lestat começou a rir, e ouvi seu riso como jamais ouvira nada antes. Ainda ouvia seu coração bater como um tambor e depois veio aquela risada metálica. Confundia-me, com um som se unindo ao outro como as reverberações dos sinos, até que aprendi a separá-los. Então se sobrepuseram, cada um deles suave mas diferente, mais altos mas discretos, repiques de risadas.

Esse é o primeiro relato de ficção que descreve com riqueza de detalhes o modo como o vampiro vê, ouve e sente depois da sua transformação. Segundo nos conta, como o vampiro está morto, também se encontra fora da ordem do tempo que rege as nossas ações, pensamentos e sentimentos humanos. Por ser capaz de sentir, ouvir e notar cada acontecimento e detalhe como se fosse independente do tempo, pode perceber a singularidade da realidade e saboreá-la plenamente. É como se o vampiro, ao transpor as cortinas da morte, passasse a ter uma percepção mais intensa das coisas. Isso faz sentido, uma vez que o vampiro é mais um "animal" do que um ser humano. Ele é um predador, precisa matar para sobreviver e, portanto, precisa ouvir e ver muito bem tudo à sua volta para capturar a sua presa. Ele se tornou, além disso, um ser sobrenatural e como tal possui poderes que vão muito além das capacidades humanas das quais depende a nossa sobrevivência.

Como estamos familiarizados apenas com três dimensões (altura, largura e profundidade) e não temos experiência fora dessa estrutura, é muito difícil para nós entender o universo dos mortos-vivos. Os vampiros vivem no mundo das sombras, onde a matéria não tem substância nem importância, onde o tempo não existe, onde a vida é eterna e os poderes, desconhecidos e irreconhecíveis aos nossos olhos, governam e se movem de maneiras que vão além da nossa compreensão.

Voltando à nossa história, Louis precisa se libertar de todos os resíduos do seu corpo e vai ao jardim para se desfazer dos últimos vestígios da sua humanidade:

Quando vi a lua sobre a laje, fiquei tão encantado que poderia ter permanecido uma hora ali. (...) Quanto a meu corpo, ainda não estava totalmente transformado e, assim que me acostumei um pouco mais com os sons e as imagens, começou a doer. Todos os meus fluidos humanos estavam sendo expulsos de mim. Estava morrendo como ser humano, apesar de permanecer inteiramente vivo como vampiro e, com meus sentidos exacerbados, tinha de assistir à morte de meu corpo com um certo desconforto e, finalmente, com medo.

O morto-vivo

Nem todas as vítimas de vampiros se transformam em um deles. Para sobreviver, os vampiros precisam matar e sugar sangue, seja de animais ou seres humanos, uma vez que o suprimento constante de sangue fresco impede que o corpo deles se decomponha. No entanto, é preciso fazer uma distinção entre um *vampiro*, que passou por um ritual iniciático de vampirismo, e um *morto-vivo*, que voltou da sepultura; este foi atacado por um vampiro, teve seu sangue sugado, mas não passou pela transformação. O morto-vivo morre por choque ou pela perda de sangue e é enterrado, mas seu espírito aparece aos familiares, amigos e conterrâneos como um corpo decomposto que vaga pela noite em busca de vítimas. Vampiros verdadeiros e mortos-vivos compartilham o mesmo método de ataque; uma mordida em geral no pescoço ou na

O morto-vivo morre por choque ou perda de sangue e é enterrado, mas seu espírito aparece a familiares, amigos ou conterrâneos, como um corpo em decomposição, que vaga pela noite em busca de suas vítimas.

região do coração. O morto-vivo transforma todas as suas vítimas, sejam elas pessoas ou animais, em outros da sua mesma espécie, e quando isso ocorre surge uma "epidemia de vampirismo", uma vez que toda a aldeia acaba por se transformar, de maneira lenta e inexorável, numa comunidade de mortos-vivos. Para pôr fim à epidemia, aqueles que ainda vivem precisam exumar os cadáveres que acreditam estar infectados e matá-los novamente. O vampiro, porém, tem a chance de transformar ou não uma vítima em vampiro por meio de um ritual de iniciação ou do processo de transformação cuidadosamente descrito no livro de Anne Rice, *Entrevista com o Vampiro*.

Segundo o romance, nunca se sangra a vítima até a morte; cuida-se dela, ajuda-a a desenvolver os sentidos de um vampiro até que todas as suas percepções vibrem com elevada sensibilidade, ensina-a a matar, a buscar um caixão, a viajar pelo mundo com um sem levantar suspeitas, a viver uma vida abastada, como um grande senhor ou senhora. O processo de transformar uma vítima em vampiro só pode ser descrito em termos humanos como um tipo de "enamoramento".

O vampiro, portanto, leva uma vida muito diferente da do morto-vivo. A sofisticação que o primeiro adquire na transformação permite que ele frequente os círculos da alta sociedade, e sua destreza ao matar sem ser visto permite-lhe viver incólume durante séculos. O morto-vivo tem uma vida muito mais difícil, uma vez que lhe falta sofisticação e mata abertamente qualquer pessoa ou animal. Por isso é mais fácil de ser capturado e morto novamente do que um vampiro. A aparência de ambos também é muito diferente. O vampiro passa por um processo de transformação, portanto a deterioração do corpo é interrompida e ele parece intacto, embora possa parecer pálido e velho. Quando o vampiro é morto, seu corpo volta ao estado natural de decomposição imediatamente depois que uma estaca é cravada em seu coração. O morto-vivo, por outro lado, não pode impedir a deterioração do corpo depois da morte e, portanto, parece muito mais monstruoso e repugnante.

Atravessando os portais da morte

Lasciate ogni speranza, voi, ch'entrate!
(Dante, *Inferno*)
("Ó vós que aqui entrais, abandona toda esperança!")

Lamentavelmente, para prosseguirmos com a busca de provas precisas, precisamos olhar um pouco mais de perto um aspecto pouco agradável do vampirismo: a morte clínica do ser humano. O que significa, exatamente, a morte humana?

Se alguma vez tivermos a oportunidade de tratar um cadáver normal e o de um vampiro, observaremos que a resposta é muito diferente.

Para ilustrar essa afirmação tão truculenta, precisamos começar examinando a transformação física que ocorre depois da morte. Queira me desculpar pelo conteúdo descritivo e muitas vezes desagradável desta parte do livro, mas é preciso admitir que, se desejamos sondar a natureza básica do vampirismo, com todo o seu charme e elegância superficiais, precisamos perceber que ele ainda está associado com um único aspecto da vida, a morte.

Depois da morte, o sangue gravita para os capilares das partes mais baixas do corpo, conferindo à pele dessas regiões um tom entre arroxeado e rosado chamado "hipóstase". Se o corpo é colocado em decúbito dorsal, as costas ficam descoradas. Esse fenômeno não ocorre nas partes do corpo que estão em contato com a superfície onde repousa o cadáver, como por exemplo, o lado posterior dos ombros, as nádegas e as panturrilhas. O peso do corpo é suficiente para fechar os capilares nessas áreas e impedir que se encham de sangue.

Se o corpo estiver de bruços, a hipóstase afeta a frente do corpo ou, se estiver suspenso, ela aparece primeiro nos membros inferiores.

Esse processo começa a se manifestar mais ou menos meia hora depois da morte, mas só se completa depois de seis ou oito horas. Durante esse período é possível mudar a distribuição das manchas alterando a posição do cadáver, mas logo a lividez em geral permanece, pois o sangue coagula. Embora o tom inicial das manchas seja rosado, a cor rapidamente escurece. Quando terminada a hipóstase, o corpo está arroxeado pelo fato de o sangue não ser mais oxigenado.

Se quando o oxigênio do sangue se extingue, o sangue fica mais escuro, cabe pensar que todo o cadáver escurece, pois não há mais circulação e o líquido das veias tende a se acumular na parte mais baixa devido à gravidade. Se o cadáver estiver na posição supina, o rosto pode ficar pálido por falta de sangue (uma descrição muito popular do aspecto de um vampiro).

Ocorrem, no entanto, outras mudanças na cor do cadáver, pois ele começa a sofrer o ataque das bactérias. Se, por exemplo, a putrefação é rápida, como no caso da morte provocada por septicemia, as veias sob a pele ficam protuberantes e adquirem uma cor marrom azulada. As mudanças na coloração da pele também ocorrem durante o processo conhecido como saponificação, que preserva o corpo: a epiderme desaparece supostamente porque se decompõe e se desprende, enquanto a derme escurece, particularmente nos corpos enterrados em caixões. Nesses casos, o cadáver também pode adquirir tons castanhos ou pretos.

Técnicas forenses recentes revelaram que um dos fenômenos mais assustadores ligados ao vampirismo pode ter razão científica ou biológica.

Técnicas forenses recentes revelam que um dos fenômenos mais surpreendentes ligados ao vampirismo pode ter uma razão científica, biológica. Há centenas de anos, coveiros, exumadores e funcionários de necrotérios ou hospitais contam casos de cadáveres que se levantam de repente depois de permanecer morto por certo tempo. O corpo se levanta com elegância e, sem hesitar, assume a posição sentada! É natural que esse tipo de experiência cause um pânico considerável e existem até relatos de mortes ocorridas por choque ou ataques do coração em decorrência desse fato.

Até recentemente, esses fenômenos eram atribuídos, pura e simplesmente, a atividades sobrenaturais, e evidentemente o vampirismo era a resposta popular a eles, em especial porque em certo número de casos os corpos de fato pareciam escorregar até cair da maca antes de voltar a desmoronar.

Depois da morte, certos fluidos e substâncias químicas continuam presentes na traqueia e na garganta, pois o corpo tem seu próprio sistema pós-morte, que continua em ação, preparando o corpo para a deterioração e a decomposição. Alguns desses fluidos, quando os demais já secaram, contraem-se, levando os órgãos a se contrair também. Ocorre uma espécie de "dança", na qual se reduzem os músculos e tecidos do estômago e dos intestinos até chegar ao ponto em que o corpo se arqueia e se levanta, assumindo a posição sentada.

Se já se instalou o *rigor mortis* nos braços e eles estão cruzados sobre as coxas, como é muito comum, eles parecem se mover para cima, com o movimento do tronco, como num filme de terror.

Para encurtar uma longa e perturbadora história, podemos resumir as condições gerais do cadáver como a seguir.

A lista provém da dissertação de Glaister e Rentoul sobre o assunto, que relaciona com detalhes os sinais externos da decomposição:

- Coloração esverdeada da fossa ilíaca direita (depressão na parte mais inferior do intestino delgado.)
- Extensão da coloração esverdeada por todo o abdômen e outras partes do corpo.
- Descoloração e inchaço do rosto.

- Descoloração e inchaço do escroto e da vulva.
- Distensão do abdômen com gases.
- Coloração amarronzada das veias superficiais, o que dá à pele um aspecto arborescente.
- Aparecimento de feridas, de vários tamanhos, sobre a superfície do corpo.
- Erupção das feridas e destruição da epiderme em grandes superfícies irregulares, que ficam em carne viva.
- Derramamento de fluidos sanguinolentos da boca e das narinas.
- Liquefação dos globos oculares.
- Descoloração crescente do corpo em geral e distensão abdominal progressiva.
- Aparecimento de larvas.
- Desprendimento das unhas e queda dos pelos e cabelos.
- Traços faciais irreconhecíveis.
- Conversão dos tecidos em uma massa semilíquida.
- Erupção das cavidades abdominal e torácica.
- Dissolução progressiva do corpo.

A presença de ar, umidade, micro-organismos, temperatura moderada e insetos acelera a decomposição. O corpo, no entanto, também pode ser preservado de muitas maneiras, sendo uma delas o sepultamento, intencional ou acidental, na terra calcária. Quando isso acontece, a decomposição é mais lenta e os tecidos não se enrijecem. Se pusermos um graveto na mão de um cadáver enterrado em tais condições, não seria incomum que ele o agarrasse e parecesse não querer soltá-lo. Isso acontece por-

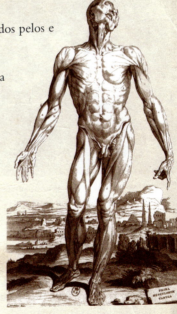

Coloração amarronzada das veias superficiais, que conferem à pele um aspecto arborescente.

que a mão desidratada permanece na posição em que foi deixada. E é evidente que isso pode ter assustado exumadores e os ter levado a acreditar que estavam diante do corpo de um vampiro que deviam voltar a "matar".

Quando um cadáver que não se decompõe atrai a atenção da população, é normal que isso cause uma certa comoção. Historicamente, as explicações dadas pelo povo e pela Igreja a esse fenômeno são totalmente distintas. O primeiro atribuía a reanimação do cadáver a algum poder sobrenatural procedente das trevas, enquanto a Igreja acreditava que um santo o habitava e por isso ele estava imune à deterioração física. Caso se chegasse à conclusão de que o corpo era de fato de um vampiro, então não havia dúvida de que ele tinha de receber uma estaca no coração.

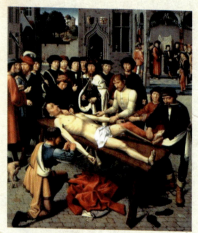

Os ciganos sérvios acreditavam piamente que, se o cadáver inchasse antes de ser enterrado, certamente ele se transformaria num vampiro.

Contudo, se nos lembrarmos dos corpos exumados por oficiais alemães, mencionados no capítulo anterior, observaremos uma incoerência. Os relatos reconhecem que certos corpos não mostram sinais de decomposição, mas, se aplicarmos aos cadáveres os parâmetros médicos descritos anteriormente, podemos afirmar com segurança que eles estavam em processo de putrefação. Em alguns casos, notou-se que a pele havia se desprendido e outra, nova, aparecia por baixo. Essa pode ser uma referência ao desprendimento da epiderme e o aparecimento da "derme", a "pele nova". Segundo Glaister e Restoul, esse seria um sinal claro de decomposição. A derme não é uma pele "nova"; simplesmente se parece com carne viva e tem uma coloração mais avermelhada que a epiderme que recobre todo o corpo em vida.

Na Grécia, por exemplo, o inchaço do corpo é considerado um sinal "inconfundível" da presença de um *vrykolakas* (vampiro, em grego). Os egípcios sér-

O NASCIMENTO DOS MORTOS-VIVOS · 61

vios acreditavam piamente que, se o cadáver inchasse antes de ser enterrado, certamente ele se transformaria num vampiro. Na mente popular, o inchaço é uma indicação de vampirismo. Os médicos, por outro lado, afirmam que os gases intestinais fazem o corpo inchar consideravelmente depois da morte. Os microorganismos formados durante a decomposição produzem grandes quantidades de gases, principalmente metano, e como não têm uma via de escape acumulam-se tanto nos tecidos quanto nas cavidades. Isso explicaria os "sinais de luxúria", ou seja, a ereção, que os vampiros parecem apresentar em suas sepulturas.

A emissão de sangue ou fluidos sanguinolentos da boca e das narinas também é explicada pela medicina como um sinal da desintegração e putrefação progressivas do corpo. O sangue coagula depois da morte, mas, dependendo de como ela ocorreu, pode ser que pemaneça em estado sólido ou volte a se liquefazer. Isso poderia explicar o fato de o coração do vampiro "sangrar" quando atravessado por uma estaca. Na época, devia-se presumir que o sangue sempre coagula depois da morte e, se ele permanecesse em estado líquido, esse era um sinal inequívoco de vampirismo.

Essas inconsistências nos dão, na verdade, uma chave importante para entender como se produz o mito que, segundo afirma Montague Summers, um grande especialista em vampiros e no oculto, assombra uma parte primordial da nossa mente: "o vampiro tem um corpo, que é o seu próprio corpo. Ele não está nem vivo nem morto; mas vivo na morte..." Os sinais exteriores de decomposição no corpo dos vampiros são a prova de que estão mortos; seu espírito, porém, ainda vive, pois à noite ele invade casas e mata pessoas.

Essa descoberta ajuda a explicar outra crença popular sobre o vampirismo segundo a qual os vampiros, quando vivos, estavam condenados, cansados da vida e ávidos pela morte. Em algumas ocasiões, os mortos-vivos eram vítimas de infortúnios: assassinato, raios, afogamentos ou suicídio. Essas formas de morte são mais frequentes nos indivíduos que se tornam vampiros do que naqueles que terminam seus dias pacificamente, no leito de morte. Também é possível que demore um pouco para que esses desafortunados sejam descobertos, dando-lhes tempo suficiente para se transformarem em monstros, aumentarem de tamanho, mudarem de cor ou perderem a pele. Se imaginarmos que esses casos ocorriam geralmente na zona rural, onde as comunidades

mantinham vínculos estreitos entre si em suas aldeiazinhas, defendendo uns aos outros de qualquer "mal" proveniente dos extensos bosques das redondezas, então é fácil perceber que algo pouco usual, como a morte de alguém fora dos limites da aldeia, podia despertar o medo e imagens horríveis. O próprio fato de a morte ser considerada violenta e ocorrida sob circunstâncias pouco comuns já era considerado um "sinal". Essas pessoas eram castigadas pelos seus pecados em vida. As transformações no corpo depois da morte sem dúvida deveriam ser consideradas repugnantes e consideradas uma confirmação de que esses seres tinham perdido a sua forma humana e se transformado em algo diferente... um vampiro.

O medo compulsivo, inclusive o terror histérico no caso dos vampiros, pode ocorrer paralelamente às causas do infortúnio. Não existem limites para a mente aterrorizada quanto ao que é considerado um comportamento suspeito para um cadáver! Os ciganos, por exemplo, afirmam que "Se depois de um período de tempo o corpo se mantiver intacto, exatamente como foi enterrado, ou se ele parecer inchado ou escurecido, portanto com um aspecto horrível, a suspeita de vampirismo está confirmada". Se se lê cuidadosamente essa afirmação, percebe-se que não há escapatória: se o corpo permanecer como era, trata-se de um vampiro; se ele mudar, também se trata de um vampiro. O medo de vampiros era tão grande no leste da Europa que as comunidades dos vivos achavam que a melhor maneira de reconhecer um vampiro era fazer uma lista de todas as anormalidades possíveis de um cadáver. Se ele se decompunha ou não, as duas únicas opções de um corpo morto era ser declarado um vampiro. O medo era tão grande que estava além de qualquer lógica que possamos usar para tentar estabelecer um parâmetro para detectá-lo.

Admitindo que antigamente eram sem dúvida frequentes os casos de "identificações equivocadas" no que diz respeito à detecção de um vampiro, agora podemos concluir, com base nas provas citadas, que o corpo do vampiro está na verdade morto da maneira como o vampiro Louis explicou ao jovem jornalista, no livro *Entrevista com o Vampiro*, de Anne Rice.

Carol Borland e Bela Lugosi no filme *A Marca do Vampiro* (Tod Browning, 1935), evocando o estilo barroco criado por John Polidori um século antes.

Por outro lado, podemos ver que qualquer cadáver mostra sinais "incontestáveis" de vampirismo e, em particular, aqueles que permaneceram insepultos até uma etapa avançada da putrefação.

É difícil provar, de uma maneira ou de outra, a existência do vampirismo analisando as lendas baseadas em relatos antigos, e a história só se complica se levarmos em conta que a possibilidade de que tenham cometido erros é grande, devido à falta de conhecimentos médicos na época em que foram registradas por escrito. Já analisamos os dois lados da moeda, o místico e o científico, portanto, qual é a diferença entre o cadáver de um vampiro e o de um ser humano?

Levantava-se a suspeita de que existia um vampiro simplesmente porque ele agia à noite. Se outras pessoas estavam morrendo de maneira rápida e por razões desconhecidas, era razoável presumir que *alguém* as estava matando. Se ninguém mais morria e nem havia outras causas de sofrimento, então, por mais monstruosa e repulsiva que fosse a aparência do cadáver, possivelmente não era desenterrado.

Portanto, para levar esta investigação um pouco mais adiante e responder à pergunta sobre como vive um vampiro, precisamos deixar de lado o mundo físico dos mortos, assunto que já esgotamos, e entrar no universo velado que existe além da sepultura...

O sobrenatural

Muitas teorias tentam explicar a existência dos vampiros, mas são tão curiosas quanto são ilógicos os sinais físicos que acabamos de analisar. Além disso, elas nunca foram comprovadas. Só são plausíveis se não são examinadas com profundidade, pois quando aplicamos as provas de que dispomos, todas, por uma razão ou outra, revelam-se inconsistentes.

Segundo uma das teorias mais difundidas, os vampiros não estão mortos, mas meramente em estado de coma. Quando "voltavam a viver", depois de serem descobertos, eles aterrorizavam tanto as pessoas que acabavam por matá-las de verdade. Essa teoria, no entanto, não procede, pois como já vimos, os vampiros estão no mesmo estado de decomposição pelo qual passaria um corpo totalmente morto. Alguns deles permaneciam meses, às vezes anos e até séculos na cova e é pouco provável que estivessem em coma crônico durante tanto tempo. Segundo outra explicação, mais moderna, de Karl Meuli, "a nossa mente não está preparada para considerar a ideia de não existirmos". Os aldeões, aterrorizados pela epidemia de vampiros, não contemplavam a sua própria morte, senão a dos outros. Meuli soluciona essa contradição afirmando que também não conseguimos conceber o conceito de falecimento de outras pessoas.

Devemos, portanto, buscar a resposta em outra parte, num domínio que não é mais humano.

Vários relatos de testemunhas indicam que não se pode capturar um vampiro nem matá-lo enquanto ele perambula pela noite, uma vez que ele é apenas um espírito. A única maneira de matá-lo é em sua sepultura, quando o espírito volta para o corpo, a sua morada original.

Há uma crença disseminada de que os vampiros nascem com dois espíritos, um dos quais se dedica a destruir a humanidade. No passado, as pessoas acreditavam que a morada do espírito era o coração, de modo que só era possível matar o espírito maléfico do vampiro cravando-lhe uma estaca no coração, arrancando-o do peito, queimando-o e espalhando as cinzas na correnteza de um rio. Também se dizia que era possível saber que o vampiro tinha dois espíritos porque muitas vezes ele falava consigo mesmo.

Segundo os ocultistas, existem provas suficientes de que os espíritos que não encontram paz após a morte voltam para viver num corpo humano vivo, e

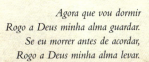

Agora que vou dormir
Rogo a Deus minha alma guardar.
Se eu morrer antes de acordar,
Rogo a Deus minha alma levar.

que para isso eles aniquilam o espírito do indivíduo escolhido e tomam posse do seu corpo. Esses espíritos malignos buscam vingança, por terem morrido prematuramente e não querem abandonar a vida na Terra ou desejam concluir uma tarefa, muitas vezes de caráter maléfico, que empreenderam nesta vida e não puderam concluir.

Também existe a crença ocultista de que o espírito não só pode vagar por aí e se apoderar de qualquer corpo da sua escolha como também é capaz de adotar vários disfarces. Ele pode, por exemplo, ficar invisível ou assumir uma forma branca e incorpórea, semelhante à do corpo que habita. Também pode ser um suspiro, uma sombra, uma luz ou um archote (as velas de aniversário são uma recordação dessa crença). Ele também pode ser uma pomba branca ou uma abelha. Se o espírito pertence a uma pessoa má, pode converter-se num cão preto.

As culturas primitivas acreditam que o espírito não está solidamente ligado ao corpo, por isso quando alguém morre ou durante o sono, o espírito abandona o corpo. Atribuem-se a esse fenômeno as mudanças físicas pelas quais passa o corpo durante o sono, como a diminuição da pulsação e da respiração. Entre as numerosas razões pelas quais o corpo continua vivo após a morte está o fato de que a sua imagem, ou espírito, pode aparecer nos sonhos de pessoas vivas. É considerado imprudente despertar uma pessoa de repente, uma vez que ela pode estar sonhando. Se o espírito não tiver tempo de voltar ao corpo, a pessoa pode morrer. Nos relatos de testemunhas analisados anteriormente, podemos observar que muitos vampiros visitam as suas vítimas enquanto elas dormem. Os sonhos nos quais a pessoa é estrangulada ou tem seu sangue sugado eram, na realidade, visitas dos "mortos-vivos".

Agora que vou dormir
Rogo a Deus minha alma guardar.
Se eu morrer antes de acordar,
Rogo a Deus minha alma levar.

Essa oração foi ensinada, durante muitos séculos, às crianças do mundo todo. Seu sentido original, que remonta ao século XII, está certamente ligado ao medo de que a alma fosse roubada por uma influência maligna.

Imagens nos espelhos

Como a alma viaja, ela pode se ver em apuros em várias circunstâncias diferentes. A crença de que quebrar um espelho dá azar baseia-se na ideia de que os espelhos contêm o espírito na forma de reflexo. Em algumas partes da Europa, continua viva a tradição de voltar o espelho para a parede quando morre alguém na casa. Isso impediria o espírito de se refletir no espelho e voltar a reanimar o corpo. Se um vampiro fica diante de um espelho, não há reflexo porque sua alma está vagando e nunca regressa ao corpo. Portanto, não nos refletimos no espelho pela nossa presença física, mas sim pela etérica.

Em algumas regiões do centro e do leste da Europa, considera-se importante esvaziar todos os recipientes com água parada quando alguém morre, para que ela não sirva de espelho e reflita a imagem da alma. Na Romênia, todos os recipientes com água são cobertos à noite para evitar que um espírito que esteja vagando durante o sono caia dentro da água e se afogue. O povo da Macedônia tem outro modo de pensar: deixa-se um recipiente cheio de água ao lado da sepultura para que ele contenha um mau espírito. Assim, se o morto decidir deixar a cova à noite e atormentar os vivos, seu espírito ficará preso no recipiente. No folclore europeu, há o costume de jogar água entre a sepultura e o lugar onde residia o morto, para criar uma barreira entre os vivos e os mortos, e impedir que o espírito volte à vida. Todos esses costumes estão ligados, de um modo ou de outro, à crença de que os vampiros e a água não combinam muito bem. Se um vampiro cruza a água, o seu espírito maligno fica preso nela.

Precisamos nos lembrar de que muitos desses costumes surgiram na Europa pré-industrial, onde os espelhos não só eram escassos, mas de qualidade tão ruim que o reflexo provavelmente era tão distorcido quanto o da água.

Assim como se cobrem os espelhos quando alguém morre e se lança mão da água para impedir a volta de um espírito ao mundo dos vivos, também se acredita que os olhos refletem as imagens e, portanto, capturam almas extraviadas. Por isso, é extremamente importante evitar o olhar de um morto, uma vez que a morte está refletida em seus olhos e, consequentemente, nos olhos da pessoa que o observa, trazendo a morte certa. Essa é a origem do olhar hipnótico do vampiro. Como ele contém a morte, a vítima acaba sendo hipnotizada e atraída para o mundo dos vampiros. O vampiro, portanto, literalmente mata a sua vítima com o olhar. Quando alguém morre, sempre se fecham os olhos do morto. De acordo com a interpretação moderna dessa tradição, esse ritual se realiza para que o morto possa descansar em paz, mas originalmente seu propósito era evitar o reflexo da morte entre os vivos.

Muitas culturas acreditam que "o outro mundo" é literalmente a imagem refletida deste aqui. Comparado com o nosso, tudo está de cabeça para baixo e chega-se ao mundo espiritual com movimentos contrários aos normais. De fato, os adoradores do diabo fazem o pai-nosso de trás para a frente em suas missas negras.

O que é bom aqui é ruim lá. A matéria corresponde às sombras, a vida à morte, o alto ao baixo e assim por diante. As almas do "outro mundo" querem voltar e tomar posse de um corpo morto para continuar vivendo.

Muitas vezes, o espírito deixa o corpo no momento da morte, mas decide voltar, reanimando o corpo e criando assim um vampiro. Por essa razão primitiva e ancestral, os vivos procuram assegurar que o espírito abandone definitivamente o corpo: as portas e janelas são abertas, a casa é varrida, a poeira espanada e o lixo posto para fora, para garantir que o espírito não se esconda num canto qualquer.

Práticas ocultas

Se examinarmos as práticas funerais com atenção, veremos que os ritos ligados à transição e incorporação dos mortos ao mundo a que pertencem não são apenas elaborados e complexos, mas muitas vezes escondem significados que há muito já foram esquecidos ou explicados de uma maneira alternativa, mais racional. Essas práticas foram desenvolvidas ao longo dos séculos para assegurar que o espírito concluísse a sua jornada até o "outro lado" de

O NASCIMENTO DOS MORTOS-VIVOS

Um anjo caído aparece ao lado de uma sepultura.
Quando os mortos eram jogados na terra sem muita
cerimônia, um vampiro faminto podia usar como último
recurso um cemitério com sangue fresco ainda não
coagulado de cadáveres recém-sepultados.

maneira segura, para que pudesse descansar para sempre e não levasse consigo outras vidas.

Poderíamos, por exemplo, analisar o costume do luto de outro ponto de vista. Ele é normalmente considerado uma expressão de dor e de respeito pelo falecido, mas muitas culturas o veem como uma necessidade, e não simples cortesia. A duração do luto corresponde ao período que, segundo a crença, o cadáver corre perigo e se teme que o espírito volte. No sul da Itália e na Espanha, as mulheres ficam de luto durante dez anos pelos pais e maridos, e cinco pelos irmãos e filhos. Muitas vezes, contratam-se os serviços de profissionais para chorar o morto. As mulheres algumas vezes mudam a aparência:

Na sepultura, a lápide é colocada sobre a cabeça do cadáver, de modo que, se um espírito se apossar do corpo, este não possa se sentar. Os únicos que não eram sepultados com todas as formalidades eram os criminosos, os alcoólatras e os grandes pecadores, justamente os que se tenderia a pensar que seriam alvos de espíritos em busca de um corpo. Onde não havia uma lápide, um vampiro podia voltar e viver.
Onde havia lassidão moral, sua vida podia ser eterna.

deixam de usar maquiagem, cortam o cabelo e usam roupas pretas durante todo o período de luto. A princípio, as roupas pretas e a mudança no corte de cabelo serviam para que o morto, caso voltasse, não reconhecesse o marido ou a esposa, suas primeiras vítimas em potencial.

Essas crenças e práticas tão disseminadas são outro testemunho da ideia de que o espírito e o corpo estão na verdade muito separados. O vampiro pode ter dois espíritos: um malvado, que pode expulsar o outro, que reside de modo natural no corpo vivo; e outro que abandona o corpo, invade um cadáver em putrefação, apossa-se dele e o reanima, mantendo-o vivo enquanto encontra vítimas das quais se alimentar.

As lendas nos oferecem condições maravilhosas para investigar as razões que levam um vampiro a nascer, o ambiente em que se encontra e as causas e circunstâncias do seu nascimento.

Propensos ao vampirismo

Aqueles que são diferentes dos demais, que são menos populares ou grandes pecadores são os que têm mais probabilidade de ser atacados por vampiros ou regressar depois de mortos. No leste da Europa, por exemplo, existe a crença de que os alcoólatras são os maiores candidatos ao vampirismo, e na Rússia se exuma um cadáver simplesmente pelo fato de ter sido um alcoólatra em vida.

As pessoas que se suicidam também são fortes candidatos a regressar do mundo dos mortos e matar os vivos. Antigamente, não se autorizava o enterro de suicidas em cemitérios e, hoje em dia, o suicídio ainda é considerado um crime.

Em alguns países, os cristãos que se convertem ao islamismo, os padres que rezam a missa em pecado mortal e as crianças cujos padrinhos se enganam ao rezar o Credo no batismo se tornam, todos eles, vampiros.

Em geral, as bruxas, os feiticeiros, os ímpios, os malfeitores, os lobisomens, os ladrões, os incendiários, as prostitutas, as garçonetes embusteiras e traidoras e todo tipo de pessoa diferente e pouco honrada têm grande possibilidade de voltar do mundo dos mortos com o aspecto de um vampiro.

Destinados a ser vampiros

Há muitas pessoas que se tornam vampiros sem ter culpa nenhuma. Entre elas se encontram as que foram concebidas durante um período sagrado, segundo o calendário da Igreja, e os filhos de pais ilegítimos.

Os vampiros em potencial também podem ser reconhecidos ao nascer, normalmente porque apresentam alguma anormalidade física, por exemplo a criança nasce com dentes, com um mamilo a mais, sem cartilagem no nariz (lembre-se do cadáver de um dos relatos, cujo nariz tinha caído), com o lábio inferior partido ou com características consideradas animalescas, como pelos no peito e nas costas ou uma espinha dorsal em forma de cauda, principalmente se for peluda. Em algumas regiões da Europa, a criança que nasce com o líquido amniótico vermelho também é considerada alguém predestinado ao vampirismo, uma vez que esse líquido normalmente é branco. Se é vermelho, é preciso secá-lo, guardá-lo e misturá-lo com a comida do bebê, durante um certo tempo, para evitar que ele se torne vampiro.

Curiosamente, muitos dos pontos comentados nessas duas últimas seções acerca das "qualificações" do vampiro lembram as crenças orientais no karma. No Oriente, particularmente na Índia, um indivíduo que comete crimes ou maus atos pode prejudicar a qualidade da sua vida seguinte. Um alcoólatra ou um delinquente podem ser obrigados a enfrentar as consequências dos seus maus hábitos numa outra vida. A tradição segundo a qual a alma pode voltar uma segunda vez na forma de vampiro, o que constitui o pior dos castigos, tem uma base semelhante.

Obrigados a ser vampiros

O vampiro nem sempre suga o sangue do pescoço de suas vítimas. Ele também pode atacá-la no tórax, no seio esquerdo, na região do coração ou no mamilo esquerdo.

Na China e em muitos países eslavos, acredita-se que o corpo de uma pessoa morta pode se tornar um vampiro se um animal como um cão ou um gato, ou qualquer ser animado, inclusive uma pessoa, saltar sobre ele. E se um morcego sobrevoar um cadáver, também não há como escapar do vampirismo.

Se a sombra de uma pessoa for roubada, essa mutação com certeza ocorrerá. Segundo a lenda mais popular, esse roubo tende a ocorrer dentro ou perto de uma construção onde a sombra se projeta sobre uma parede e o vampiro possa cravar um prego na cabeça para segurar a sombra ali.

Se o morto não pode ser enterrado, porque a Mãe Terra não o aceita, como ocorre com os malfeitores, porque ela não o quer ou porque as autoridades não permitem, é provável que o pobre-diabo se transforme em vampiro.

A perdição de um vampiro

Existem muitos erros que supostamente podem causar o nascimento de um vampiro. Não surpreende que um deles seja a falta de cuidado no cumprimento dos rituais funerários.

Considera-se perigoso para um cadáver abandoná-lo à própria sorte. Se o corpo é enterrado sem a presença de um padre, é provável que volte do mundo dos mortos. No entanto, se não for enterrado, certamente voltará como um chupador de sangue.

Capítulo 3

Os hábitos de um vampiro

Rumo à imortalidade

Por tradição, o vampiro leva uma vida tranquila, sem complicações, talvez até reclusa. Depois de completar o processo de transformação e viver alguns anos sem grandes luxos, enquanto desenvolvia suas habilidades e rede de contatos, a tarefa seguinte do vampiro é provavelmente adquirir um castelo ou uma grande mansão em alguma região remota onde possa esconder seus caixões e suas vítimas sem chamar muita atenção. Assim mesmo, ele deve ter muito cuidado com as pessoas que vivem nos arredores, para que não suspeitem de quem ele é na realidade. Ao menos no passado, e em regiões mais afastadas do leste da Europa, um aristocrata gozava de mais privacidade que um plebeu.

Em geral, o vampiro tem uma relação parasitária com aqueles que vivem na região, pois às vezes necessita de carne humana dos arredores por prazer ou para garantir sua sobrevivência. Esse é um aspecto potencialmente perigoso para sua reputação, pois, apesar de não querer que o considerem voraz e, portanto, um perigo para a manutenção do nível populacional da região, ele quer manter uma certa aura de mistério e dúvida entre os vizinhos, mantendo-os assim num estado de alerta pela própria segurança. Isso lhe permite alimentar-se de vez em quando de uma virgem, um jovem rapaz ou outro petisco saboroso. Em muitas regiões do leste da Europa, o próprio nome do castelo, quando pronunciado por um forasteiro, produz um tremor entre os aldeões, embora seja pouco provável que isso chegue a produzir uma ação conjunta da população local dada a apatia geral, uma atitude que, segundo dizem, deve-se à nuvem hipnotizadora lançada pelo vampiro aristocrata.

Perigos intrínsecos

O estilo de vida de um vampiro poderia ser descrito como o de um asceta. Como vimos, ele vive às margens da sociedade e mantém discrição para conservar a sua aura de mistério. Em consequência disso, ele tem pouco contato com os outros de sua espécie, exceto por aqueles que ele mantém presos para seu desfrute.

Muitas vezes é um intelectual. Afinal de contas a sua vida extremamente longa lhe possibilita um conhecimento considerável do mundo que o rodeia, da cultura, da literatura, da arte, inclusive a música, embora sem dúvida seus gostos sejam meio lúgubres. Talvez cobrisse as paredes do seu castelo mais com Giotto em vez de Michelangelo.

Ele se mantém durante centenas, talvez milhares de anos no ecossistema local, mantendo o equilíbrio entre a necessidade de sangue fresco e seu suprimento local. Ele é muitas vezes um grande estudioso do patrimônio da região e das disputas e mortes misteriosas, uma vez que ele próprio provavelmente é responsável por muitas delas. Seu detalhado conhecimento dos fatos deixa maravilhadas as suas visitas, pois ele adora imitar o ego humano e provavelmente se destaca na maioria das habilidades humanas.

No entanto, é preciso que ele enfrente alguns problemas se quer viver como um ser humano, em vez de vagar pelas florestas e lugares desertos. Em pri-

As forças ocultas do mal assumem diversas formas, mas todas elas nascem do medo da morte e da condenação. Nesse sentido, o vampirismo e a bruxaria andaram de mãos dadas na Europa medieval.

meiro lugar, nunca pode aparecer em público durante o dia. Os criados que não suspeitavam de que seus amos mantinham práticas vampirescas contavam o que viam através das fechaduras: jantares com travessas vazias, brindes com copos vazios e o uso de talheres imaculados arranhando pratos.

O vampiro também precisa fingir inumeráveis doenças que o impeçam de ver pessoas durante o dia. Você poderia perguntar por que se preocupar com as aparências se têm uma grande riqueza e gozam de vida eterna. Mas o vampiro é muitas vezes o bode espiatório de qualquer fenômeno de outro modo inexplicável. Não só o acusam de provocar mortes misteriosas como também inundações, fome, colheitas mal-sucedidas ou qualquer outra alteração na vida normal. Os versos a seguir, extraídos do folclore da Galícia, são um testemunho do poder onipotente dos vampiros:

O poder do vampiro é imenso e multifacetado, mesmo em vida ele pode matar as pessoas ou comê-las vivas; pode causar ou fazer desaparecer várias doenças e epidemias, tormentas, chuva, granizo e outros fenômenos; ele lança feitiços nas vacas e no seu leite, nas colheitas e no gado; ele sabe todos os segredos e o futuro, etc. Além disso, pode se tornar invisível ou se transformar em vários objetos, especialmente os de forma animal.

Essas linhas ilustram a flexibilidade da lenda antiga. O escritor procura documentar os poderes e atividades dos vampiros e termina as sentenças com "etc." e "outros", e se outorga suficiente licença poética aos que queiram completá-las quando necessário.

Necessidades de um vampiro

É de suma importância, para um vampiro, recolher-se durante o dia para descansar. O seu caixão precisa ficar num local secreto, absolutamente seguro, pois ele é muito vulnerável quando está dentro dele. Esse aspecto da "vida" do vampiro nos faz recordar que ele se sente muito à vontade com relação à morte e, mesmo assim, como todos os mortos, está muito propenso ao perigo. O caixão talvez seja forrado de fina seda, mas deve ter sempre uma camada de terra da sepultura onde o vampiro foi enterrado ao morrer. Ele precisa ter consigo toda parafernália de objetos que fazem parte do processo de transformação, e essa terra é um deles. Ela provém do lugar onde ele deveria ter descansado, pó a pó, cinza a cinza. É quase como se ele reconhecesse que a destruição final é inevitável.

O criado mais acessível a um vampiro, seu senhor, é um morto-vivo, que seu amo se encarrega de manter em perfeito equilíbrio entre a vida e a morte. O criado o agradece servindo-o e em troca o senhor posterga a sua deterioração final, uma vez que, como vimos, um morto-vivo sem as atenções de um vampiro degrada-se em ritmo acelerado. Esse criado promete cumprir os desejos de seu amo e age como se estivesse hipnotizado. Mantém à distância os visitantes curiosos, como os estudiosos do ocultismo ou doutores inquiridores; providencia os ratos e pequenos animais para manter um suprimento constante de sangue; fecha o acesso ao lugar de descanso do senhor e garante que tudo permaneça em perfeitas condições enquanto o amo não está em casa. É provável que a única relação próxima do servo seja com seu amo, uma vez este lhe permite presenciar toda a verdade da sua vida. Sem esse relacionamento, o vampiro é um ser solitário que precisa viver em isolamento, matar e chupar sangue, cometer atos horrendos e impróprios aos humanos, embora ainda tenha os sentimentos dos mortais.

Ao longo dos séculos, ele nunca entra em contato com outras criaturas com quem possa compartilhar pensamentos, sentimentos, sensações. Os vampiros nunca poderiam viver juntos, uma vez que sua necessidade de se alimentar rapidamente esgotaria o suprimento de sangue da região e seu desejo luxurioso por esse fluido humano os levaria a viver em constante conflito.

A sede de sangue da condessa Bathory

Talvez um dos casos mais famosos de luxúria por sangue e poder tenha sido o da condessa Erzebet Bathory, da Hungria, cuja vida foi contada muitas vezes, até mesmo nas telas de cinema. Dizem que ela bebeu e se banhou em sangue de 650 virgens, porque acreditava que desse modo rejuvenesceria. As vítimas eram recrutadas pelos seus subordinados, que fingiam escolher criadas para trabalhar em sua casa, o Castelo de Csejthe. Todas elas foram vítimas do insaciável desejo de seu sangue.

A condessa Erzebet Bathory da Hungria, a bela e a fera.

Quando o castelo foi assaltado no inverno de 1610, uma vítima em potencial conseguiu escapar e avisar as autoridades acerca dos crimes cometidos pela condessa. Cadáveres em putrefação foram encontrados, alguns com pequenos furos pelo corpo todo. Algumas garotas foram encontradas vivas, mas parcialmente drenadas de todo o sangue, e uma delas foi descoberta totalmente "exangue", mas ainda quente. As cúmplices da condessa foram julgadas e decapitadas e a condessa foi emparedada em seu próprio quarto e alimentada através de uma pequena abertura, até morrer em 1640. Ainda não se sabe se a condessa foi uma vampira de verdade ou simplesmente uma mulher insana, com obsessão pela juventude. Algumas pessoas da região dizem que ela ainda perambula pelos bosques e comete assassinatos.

Hoje em dia está cada vez mais difícil, para um vampiro, encontrar um lugar retirado, com um castelo onde possa passar seus dias pacificamente e onde a comunidade o abasteça do sangue fresco necessário para a sua sobrevivência.

Dizem que vampiros famintos já assolaram cidades e periferias afastadas em busca de vítimas. Num artigo intitulado "Vampiros assassinos assolam os Estados Unidos", o periódico norte-americano *Weekly World News* revelou, na sua edição de 2 de dezembro de 1980, que:

Uma horda apavorante de vampiros está assolando a nação, e especialistas acreditam que os assassinos com sede de sangue podem ser responsáveis por seis mil mortes por ano. A polícia está investigando dezenas de assassinatos misteriosos que deixaram cadáveres rotos, pálidos e exangues, às vezes horrivelmente mutilados e com sinais de terem sido usados em rituais satânicos. Entre eles se encontram:

– Um duplo assassinato cometido na cidade de Nova York, no qual os cadáveres não continham nenhum sangue, nem para que se fizesse uma análise.

– Seis pessoas de Sacramento, na Califórnia, foram assassinadas por um homem que depois confessou ter bebido o sangue de todas elas.

– Um menino de 7 anos do Bronx, em Nova York, que foi encontrado pendurado de cabeça para baixo, exangue e com o corpo horrivelmente mutilado.

– Nove moradores de rua da Califórnia, todos assassinados em noite de Lua cheia, por alguém que também bebeu seu sangue.

OS HÁBITOS DE UM VAMPIRO · 83

O vampiro atualizado: *Lat den ratte komma in* [Deixe-me entrar], 2004),
filme de Tomas Alfredson, baseado no romance de
mesmo nome da autoria de John Ajvide Lindqvist,
escritor sueco de livros de terror.

"Não há dúvida de que essas criaturas precisam de no mínimo meio litro de sangue por dia", afirma o dr. Stefen Kaplan, chefe do Centro de Investigação sobre Vampiros de Elmhurst, em Nova York. *"Não podem comprá-lo, pois isso requer uma receita médica. Acredito que essas pessoas às vezes recorrem a caronistas para saciar a sua sede de sangue."*

Evidentemente, não podemos afirmar com certeza que esses assassinatos foram obra de vampiros ou mortos-vivos, ou apenas de seres humanos enlouquecidos. De qualquer maneira, há relatos suficientes dessa natureza todos os anos para que possamos pensar que ao menos alguns deles se devem a autênticos casos de vampirismo. A lenda continua muito viva neste início de século.

Vestido para o jantar

Um vampiro pode viver centenas, até milhares de anos. Ao longo desse período pode acumular uma considerável riqueza e uma posição social elevada entre as famílias nobres com um passado obscuro. Ele deve se vestir corretamente, de acordo com o seu título de nobreza. Para contornar o problema de sentir-se indisposto durante o dia, e portanto não poder visitar as chapelarias e alfaiatarias da região, o vampiro paga enormes gratificações aos proprietários dos estabelecimentos que mantêm as portas abertas depois do anoitecer e que estão dispostos a jantar tarde da noite, em restaurantes elegantes, com o intuito de realizar importantes negócios. A fotografia desta página mostra o equivalente moderno dos vampiros mais bem vestidos e que podem nem ser reconhecidos num exame menos atento.

O vampiro tradicional veste-se como um cavalheiro. A sua vestimenta mais habitual é uma capa longa e preta, que ao se abrir lembra as asas de um morcego vampiro. (Por acaso, esses roedores se chamam assim por causa dos vam-

"Eu te condeno à morte em vida, a viver eternamente sedenta de sangue." Vestido para jantar, Gary Oldman em *Drácula de Bram Stoker*, de Francis Ford Coppola (1992).

piros, não o contrário. A história de que os vampiros se tornam morcegos à noite é falsa.) A capa é feita de cetim, lustroso e macio, e nenhuma investigação já foi capaz de descobrir quais são, exatamente, suas características e origem. Alguns dizem que o próprio vampiro a tece quando descobre no que se transformou, mas a verdade é que o segredo passa de geração em geração, sem que nunca tenha sido revelado a nenhum ser humano.

O vampiro pode envolver com ela todo o seu corpo, levantando o braço por sobre a cabeça num gesto que se tornou conhecido para a maioria de nós. Ao realizar esse movimento, é como se um "buraco negro" o envolvesse, tornando-o literalmente invisível. Desse modo, ele pode se esconder em qualquer lugar ou sair sem ser visto.

Embaixo da capa, o vampiro veste um elegante smoking, com uma longa cauda, que passa dos joelhos. As calças, de corte perfeito, são também pretas.

O smoking é invariavelmente acompanhado de uma camisa branca do mesmo tecido brilhante da capa, com colarinho mais alto que o normal, para disfarçar a palidez cadavérica do rosto. Os vampiros nunca se mostram em plena luz, e escolhem apenas ambientes iluminados à luz de velas, que lhes permitem esconder sua verdadeira natureza com a ajuda de sua vestimenta.

O smoking, as calças e a camisa são todos eles confeccionados do mesmo tecido da capa, para facilitar movimentos rápidos. O fato de viver fora do tempo humano também facilita as coisas. Assim pode se mover com extrema rapidez. Ele é tão veloz que seus movimentos são quase imperceptíveis aos olhos humanos.

Para acompanhar seu elegante traje, ele usa sapatos de couro, que seu servo hipnotizado engraxa à perfeição.

Como um desvio moderno da tradição, acrescentamos neste livro uma moda mais extravagante ao guarda-roupa vampiresco. O vampiro moderno, afinal de contas, com tantos séculos de aprendizado, permite-se a indulgência, assim como a camuflagem, de vestir um traje moderno.

Capítulo 4

Em busca do conde Drácula

Gyalu
Clausenburg
Elizabeth
Karlsburg
T R A
Hermanstadt
Boitza Mines
Rothentum
Volkan
Tirgochil
Soupones
Strebaja
Zinzer

O retrato mais famoso do vampiro aristocrático aparece no romance *Drácula*, de Bram Stoker, que foi o primeiro a batizar o monstro com um nome sonoro e musical. A partir de então, Drácula foi imortalizado em numerosos filmes e romances como o arquétipo do vampiro: aristocrático, de uma feiura inquietante, sempre pálido e descarnado, com orelhas pontiagudas e longas unhas, vestido de smoking e capa preta, e capaz de atrair as suas vítimas hipnotizando-as com o olhar e sussurrando-lhes em seu ouvido com seu forte sotaque húngaro.

Durante muito tempo acreditou-se que Drácula era produto da imaginação de Bram Stoker. Contudo, o contexto geográfico, histórico, topográfico e folclórico tão extraordinariamente detalhado em que se passa o romance leva-nos a pensar que o escritor tenha viajado de Londres até o "país do Drácula" e feito uma exaustiva investigação sobre a Europa oriental e a Romênia antes de escrever o livro.

Drácula se baseia nas façanhas de um lendário príncipe romeno, conhecido pelos historiadores como Vlad Dracul, o Empalador, cuja fama como governante impiedoso, astuto e sanguinário, e líder dos exércitos ultrapassou as fronteiras da Romênia e chegou à Europa central, inclusive à Inglaterra, terra natal de Stoker.

O lendário príncipe romeno, chamado pelos historiadores de Vlad Dracul, o Empalador, cuja fama sanguinária ultrapassou as fronteiras do seu país.

Vlad Dracul vivia na Transilvânia, uma região rural da Romênia, conhecida como o "país do Drácula" graças ao sucesso alcançado pelo romance de Bram Stoker. Muitos caçadores de vampiro, além de estudiosos do oculto, médicos e simples turistas curiosos, viajam para a Transilvânia com o intuito de investigar e obter um vislumbre do famoso conde, estudar seus costumes e hábitos ou, tristemente, para pôr um fim à sua existência sanguinária, uma vez que, com o passar do tempo, Vlad Dracul passou a ser identificado com o personagem de ficção Drácula, o Vampiro.

Viagem ao país do Drácula

Seguir as pegadas do vampiro significa empreender uma viagem misteriosa e perigosa que nos leva a um país que se parece com as paisagens de sonhos dos contos de fadas: grandes extensões de bosques tenebrosos e espessos, que atravessam os Cárpatos e os vales brumosos e remotos da Transilvânia, em cujas montanhas se encontra o castelo do Drácula, com suas misteriosas memórias de empalamentos, torturas e feitos cruéis e sanguinários.

A partir de qualquer cidade do mundo, a primeira escala para a Transilvânia deve ser Munique, a famosa cidade bávara, na Alemanha. O melhor hotel onde hospedar-se é o Vierjahrzeiten Hotel [Hotel Quatro Estações]: Jonathan Harper, o personagem principal do romance de Bram Stoker, hospedou-se ali, como outros investigadores e caçadores de vampiros da história. Esse hotel é

Este antigo mapa da Transilvânia foi feito por um dos melhores cartógrafos da época, Coronelli, a partir de um manuscrito original de 1688. O mapa mostra as cidades e aldeias da região em três idiomas: húngaro, alemão e romeno.

um dos mais importantes marcos no caminho do vampiro; suas suítes magníficas convidam à reflexão e nos preparam para a aventura.

Em Munique, tomamos um trem expresso para Viena, capital da Áustria. A viagem nos leva através de paisagens belíssimas e surpreendentes. De Viena nos dirigimos a Budapeste, na Hungria. Viena e Budapeste estão em margens opostas do rio Danúbio e o trem segue as curvas suaves desse grande rio. A esplêndida cidade de Budapeste é a porta do leste da Europa e também o último marco centroeuropeu, a partir de onde o viajante cruza as verdadeiras fronteiras do continente e se vê rapidamente envolto numa atmosfera de romance e mistério. Essa parte da Europa é realmente diferente das demais: o viajante volta a um tempo no qual os vampiros dominavam aldeias e pessoas, tempos primitivos transpassados por ventos muito fortes e medos muito profundos, ainda vivos nessas terras muitas vezes inóspitas.

De Budapeste, a viagem continua até Cluj, a cidade mais importante da Romênia, a aproximadamente seis horas de trem. No romance de Stoker, Cluj recebe o nome de Klausenburg, anglicismo do nome alemão, uma vez que na época essa região estava no perímetro do império dos Habsburgo. Jonathan Harper, o herói do romance de Stoker, hospeda-se no Hotel Royal, hoje chamado Continental.

Em Cluj, o centro da Transilvânia, existe uma grande mescla de grupos étnicos antigos: os saxões no sul, os valacos (romenos), os magiares (os húngaros) no leste e os sículas (ou székelys) no leste e no norte, que se dizem descendentes de Átila e dos hunos. O nome "Romênia" deriva da origem étnica de sua população, pois essa região era a mais oriental do império romano. O idioma dos soldados romanos estacionados ali era o latim; os romenos se sentem muito orgulhosos das suas raízes latinas, um caso único na região, onde os idiomas eslavos são predominantes. Os romenos são extremamente inofensivos e tímidos, como corresponde a uma população com raízes campestres. A ditadura da família Ceausescu deixou uma marca profunda no país e no seu povo, estancando o seu desenvolvimento. Chegou-se até a aventar a possibilidade de Ceausescu ser ele próprio um vampiro, de acordo com os inúmeros boatos que corriam pela região sobre suas atividades noturnas em busca de vítimas. De qualquer maneira, a atmosfera de incerteza e aventura que reina no país satisfaz os desejos dos caçadores de aventuras.

Depois de uma noite de descanso, o viajante pode desfrutar de um saboroso prato local chamado *mamaliga*: "uma espécie de mingau de farinha de milho" que continua sendo um prato típico dos aldeões romenos. Para o almoço em Cluj, Jonathan Harper pediu frango com páprica e *impleata*, um prato à base de berinjela. Esses três pratos são importantes na gastronomia da Transilvânia que, segundo se diz, o conde Drácula servia aos seus hóspedes, enquanto permanecia sentado em silêncio, numa atitude meditativa, sem provar nada, evidentemente, uma vez que sua dieta era bastante restrita.

Outra vez esta figura lúgubre e imprecisa, que espreita em lugares onde seria pouco recomendável ir. Neste caso podemos ver Bela Lugosi como Drácula.

Depois de Cluj, só é possível entrar no país do Drácula de carruagem. O trajeto até Bistrita dura aproximadamente um dia. Bosques de carvalhos, faias e pinheiros dominam a paisagem, e riachos tranquilos fluem pelos vales; o conjunto é tão agradável aos olhos que é difícil imaginar como os diretores de cinema apresentam paisagens tão sinistras, inóspitas e perigosas. Vez ou outra pode-se ver algum castelo ou forte no alto de uma colina escarpada. Os montes de feno aparecem alinhados nas extremidades dos campos cultivados e as fazendas podem ser identificadas pelas chaminés fumegantes ao anoitecer, quando, finalizada a jornada de trabalho, homens e mulheres voltam para casa em busca de um prato de sopa.

O povo da Transilvânia é extremamente religioso e supersticioso: ao longo das estradas podem-se ver muitas cruzes para proteger caminhos e campos, mas também para abençoar e proteger os trabalhadores e viajantes.

Os estudiosos do folclore já comprovaram que essas superstições são abundantes na região norte do país, onde os aldeões continuam acreditando que as forças do bem e do mal lutam constantemente pela supremacia. Não existem argumentos científicos para romper o modelo de mistério.

Os camponeses acreditam, por exemplo, em *nosferatu* ou *necuratul*, termo que significa literalmente "impuro" e em romeno é usado para designar o demônio. O *ordog* (satã em húngaro) perambula pelos bosques durante a noite. Vale a pena mencionar também a palavra *stregoiaca*, que em romeno significa mulher vampira. Mais astuta que seu equivalente masculino, aparece logo que é evocada e leva com ela a vida. A palavra "vampiro" deriva do termo eslavo *vampyr*, e não há dúvida de que essa criatura é bem conhecida pelos aldeões romenos. Eles não só podem recorrer aos poderes da Igreja (água benta, cruz e orações) como também a vegetais como o alho, o acônito e pétalas de rosa silvestre, que são cultivados na região para combater os medos e manter afastadas as criaturas diabólicas quando elas aparecem. O camponês romeno nunca brinca com essas coisas, uma vez que o condicionamento histórico é longo e persistente demais para que sejam consideradas superstições. Só no ocidente as vemos assim, subestimando o seu valor. Basta uma visita a esse extraordinário país para convencer qualquer um de que existem mais coisas entre o céu e a Terra do que julga a nossa limitada filosofia ocidental. Pois esse é, antes de tudo, o país do vampiro.

Bistrita está localizada no extremo leste do país, perto da fronteira com a Moldávia e a Ucrânia, entre os Cárpatos. De Bistrita podemos continuar pelo desfiladeiro de Borgo. A descrição da região no romance de Bram Stoker ainda é precisa, mesmo nos dias de hoje.

Diante de nós estendia-se numa encosta verdejante, margeada de bosques com colinas escarpadas, coroadas com pomares e casas campestres, com paredes vazias mirando a estrada. Por todos os lados havia uma quantidade impressionante de frutos em flor: maçãs, ameixas, peras, cerejas; e à medida que avançávamos, pude ver que a relva abaixo das árvores estava repleta de pétalas caídas.

A morada do chupador de sangue

O viajante chega finalmente ao castelo do Drácula pelo desfiladeiro de Borgo (anglicismo de Prundul-Bargaului).

…um vasto castelo em ruínas, de cujas janelas negras não vinha um só raio de luz, e cujas muralhas quebradas mostravam uma linha dentada contra a luz do luar.

É ali que mora o conde, "um velho alto, sem barba e com um longo bigode branco". Ele está vestido de negro da cabeça aos pés, possivelmente uma moda entre os aristocratas locais da época. Ele afirma,

Aqui sou nobre, sou boiardo, a gente do povo me conhece e sou eu quem manda.

A palavra "boiardo", de origem eslava, significa, em romeno, membro da nobreza proprietária de terras.

O conde Drácula foi o criador de um "bosque de empalados", que margeava os caminhos para dar as boas-vindas às tropas invasoras e a todos os visitantes das fronteiras do país.

Mais uma vez encontramos representações da morte esculpidas para sempre, como se o escultor desejasse nos lembrar de nossos temores mais profundos.

Não sabemos, na verdade, se Drácula ainda vive na Romênia. O personagem de ficção do livro de Stoker se baseia claramente na vida de Vlad Dracul, homem dotado de uma capacidade, de um poder e de uma violência descomunais, que dizem ter vivido há mais de duzentos anos. Na história de Bram Stoker, Van Helsing, o caçador de vampiros que segue valentemente os passos de John Harper desde Londres até Bistrita, para encontrar e matar o Drácula, obtém informações sobre o vampiro com o seu amigo "Arminius de Buda-Pesth". Arminius Vambéry também existiu na realidade; foi um erudito e orientalista contemporâneo de Bram Stoker, que viajava muito de Londres a Budapeste e depositou os seus escritos sobre o vampirismo no Museu Britânico, na época a maior biblioteca e fonte de conhecimento do mundo. Ao que parece, Arminius Vambéry havia descoberto um raro documento em que se fazia referência ao conde Drácula como "*wampyr*, o que todos conhecemos demasiadamente bem". A palavra significa, basicamente, "chupador de sangue".

No romance, os antepassados do conde Drácula remontam ao "país dos lobos". Os dácios, antecessores dos romanos, descrevem-se a si mesmos como "homens-lobo" e em sua bandeira há uma cabeça de lobo com corpo de serpente.

Van Helsing descreve o conde Drácula como alguém dotado de um "cérebro poderoso e conhecedor de línguas novas, política, leis, finanças, ciências e até ocultismo", todos eles atributos que o conde compartilha com Vlad Dracul, seu alterego histórico.

Será que Vlad Dracul foi o primeiro vampiro famoso da história, em cujo caráter, estilo de vida e façanhas moldaram-se e cresceram as lendas? Ou será que o conde Drácula é Vlad Dracul ainda vivo, sobrevivendo como um vampiro de milhares de anos, que reside anonimamente na Romênia?

O príncipe Drácula, o Empalador

Drácula ganhou uma fama que foi muito além da sua posição no mundo da política, muito além inclusive do seu tempo histórico, um período agitado e perigoso, marcado por guerras constantes e sangrentas. Em sua época foi mal-afamado na Romênia e nos países vizinhos por cometer os crimes mais hediondos que o mundo conheceu na época; segundo dizem, piores do que os perpetrados por Calígula, em Roma. Ele criou um "bosque de empalados", à margem das estradas para dar as boas-vindas às tropas invasoras e a todos os visitantes nas fronteiras de seu país. Mulheres grávidas, crianças, jovens e velhos eram todos submetidos a essa tortura, que consistia em inserir uma estaca pelo reto até que ela saísse pela garganta ou pelo topo da cabeça; a estaca era então fixada no monstruoso bosque. Essa era a principal senha para dissuadir qualquer um que quisesse trair o abominável Dacul, líder desse terrível país. Quando, por falta de costume, um dos emissários se recusava a tirar o chapéu na presença dele, ele lhe dizia que só queria honrar e fortalecer seus costumes e pregava o chapéu na cabeça do infeliz, uma tortura adotada posteriormente por Ivan, o Terrível, na Rússia.

Depois da aparente morte de Dracul, o seu cruel carisma se difundiu por vários territórios por meio dos monges que viajaram da Romênia para as províncias alemãs e austríacas. Alguns chefes militares imitaram suas técnicas bélicas com a esperança de alcançar o mesmo êxito na luta contra os exércitos turcos, que durante todo o seu reinado ameaçaram invadir o país. A natureza sangui-

Heroico líder militar ou monstro, o certo é que Drácula parece ainda mais interessante que seu homólogo fictício romântico.

nária desse personagem transformou-se na temática dos primeiros contos de terror publicados no século XV no centro da Europa. A sua leitura produzia tal prazer perverso nos leitores que essas primeiras obras se tornaram *best-sellers* internacionais na época, quase tanto quanto a Bíblia.

Heroico líder militar ou monstro, o certo é que Drácula parece ainda mais interessante que seu homólogo fictício romântico. Graças a exaustivas investigações realizadas por caçadores de vampiros e outros estudiosos interessados no assunto, agora podemos situá-lo com precisão no conturbado contexto histórico em que viveu.

O clã Drácula

O príncipe Drácula, que governou os territórios da atual Romênia, nasceu em 1431. Naquela época, a Europa, que se estendia desde o oceano Atlântico até o mar Negro e a costa báltica, representava muito mais do que um agrupamento de civilizações. Os países estavam unidos por fortes laços dinásticos e de vassalagem e, embora o Renascimento tenha deixado a sua marca na cultura europeia, a Igreja continuava tentando impor a sua autoridade onipresente, e a estrutura feudal ainda dominava os diferentes estratos da sociedade.

A Transilvânia, pátria de Drácula, era habitada na Antiguidade pelos dácio-romanos ou, como eram chamados em tempos mais modernos, os romanos. Conquistada pelos romanos entre 101 e 105 d.C., os dácios, os habitantes originais, abandonaram a luta e a região foi incorporada ao Império Romano e assistiu a uma imigração em massa de populações de todos os cantos do Império. A região está situada nos Cárpatos e foi descrita pelos primeiros viajantes que chegaram ali como *trans silva*, que em latim significa literalmente "além da floresta". Os Cárpatos são montanhas densamente arborizadas e o nome Transilvânia dá uma ideia muito exata da região.

Devido à sua posição geográfica, nas proximidades do mar Negro e dos territórios turcos, a sudeste, e da Horda de Ouro dos tártaros, a nordeste, a Transilvânia e toda a região, conhecida como Romênia, era muito vulnerável à invasão de infiéis turcos, que, conquistando esses territórios, tinham livre acesso à Europa central. A Romênia era semelhante ao que hoje são as regiões do Oriente Próximo, um ponto nevrálgico de conflitos políticos.

As invasões turcas propagaram a destruição, a queima de vilarejos e campos e o assassinato de grande parte da população. Os turcos, no entanto, não trouxeram a aniquilação apenas na forma de guerra, mas também de terríveis doenças, como a sífilis, a tuberculose, a lepra e a varíola. Essa devastação, junto com os desastres naturais como inundações, colheitas precárias, terremotos e pragas de gafanhotos vindas do leste, levou as populações remotas do país a um estado de total perda de inocência e à confiança plena no que atualmente chamamos de superstição. Eles acreditavam piamente no poder do demônio, que tinha de ser combatido por meio da consulta de oráculos e adivinhos. Os viajantes que naqueles tempos chegavam ao leste da Europa observaram uma crença arraigada em "falsos" ídolos, na queima das bruxas e em todo tipo de comportamento supersticioso.

Nessa atmosfera se formou o contexto cultural do jovem Vlad Dracul, o verdadeiro Príncipe das Trevas. Mas não nos cabe julgar (assim como fizeram talvez os viajantes vitorianos e até alguns mais modernos) esse pano de fundo histórico, pois, como já vimos, muitas das tradições e lendas desses povos se baseiam numa necessidade muito prática: a presença do mistério como forma de explicar o inexplicável. A presença do demônio era tão sólida na vida dessas pessoas quanto a terra, a colheita e as roupas que vestiam. Ele chegava à porta de suas casas na forma de guerras, pobreza e lutas constantes, e na magia das bruxas e feiticeiros que acreditavam ser uma forma muito real de compreender, num sentido parecido com os nossos valores científicos atuais.

Entre os antepassados de Vlad, destaca-se o seu bisavô Mircea, o Grande, famoso por suas atitudes diplomáticas e pela conquista de novos territórios. O seu centro de poder era a Valáquia, uma região fronteiriça com a Transilvânia. Para evitar render-se aos turcos, Mircea, o Grande, firmou um tratado de aliança com Sigismundo de Luxemburgo em 1395. Depois desse tratado, Mircea tomou parte em uma cruzada conduzida por Sigismundo contra os otomanos.

Naqueles tempos, era costume enviar os filhos de famílias nobres para que fossem treinados e instruídos por outros membros da nobreza durante alguns anos, e geralmente as duas famílias tinham interesses pessoais e eram ligadas por laços de vassalagem. Devido à relação de Mircea com Sigismundo de Luxemburgo, Vlad, seu neto e sucessor, foi enviado em tenra idade à corte desse imperador. Vlad, como herdeiro do trono da Valáquia, buscou a proteção de Sigismundo contra os turcos. Este introduziu-o na Ordem do Dragão, conferindo-lhe o título de príncipe. Essa Ordem foi fundada pelo Sacro Imperador romano-germânico, em 1387, como sociedade secreta. Como muitas outras ordens religiosas de cavalaria, seus objetivos e obrigações eram proteger Sigismundo e sua família, defender o império, difundir o catolicismo, amparar as viúvas e as crianças e, evidentemente, lutar contra os infiéis turcos. O motivo do caráter secreto da ordem era conseguir supremacia política na Europa para a Casa de Luxemburgo.

Em fevereiro de 1431, Vlad foi nomeado cavaleiro da Ordem do Dragão. Certas regras da ordem podem nos dar algumas chaves interessantes sobre a criança da lenda do Drácula. Um novo cavaleiro devia usar duas capas, uma verde (a cor do dragão), usada sobre roupas de cor vermelha (o sangue dos mártires); a outra preta, utilizada apenas nas celebrações e depois adotada pelo conde Drácula, de Bram Stoker. Além disso, todo membro da Ordem tinha de usar um medalhão, com a insígnia do dragão artisticamente entalhado por um mestre artesão. O dragão, representado com duas asas e quatro patas estendidas, as mandíbulas abertas, o rabo enrolado na cabeça e o

O castelo original de Vlad Dracul em Tirgoviste, na Romênia, é o lugar em que o príncipe sanguinário torturava, assassinava e aterrorizava seu povo. O palácio ainda existe, digna evocação de um governante violento e eficaz.

dorso partido em dois, estava suspenso, prostrado, diante de uma dupla cruz. Ele simbolizava a vitória de Cristo sobre as forças da escuridão. Os cavaleiros dessa Ordem deviam usar o medalhão até a morte, momento em que era colocado no caixão.

Quando Vlad voltou ao seu país natal, foi chamado "Dracul" pela nobreza local, os boiardos da Valáquia, em reconhecimento à sua honra como membro da Ordem do Dragão (*draco* em latim). No entanto, quase todo povo da Valáquia, desconhecendo o título de cavaleiro e vendo um dragão no escudo do príncipe e depois também nas moedas, chamou-o de "Dracul" em referência à iconografia ortodoxa (especialmente a que mostra São Jorge matando o dragão), que representa o diabo como um dragão. Além disso, a palavra romena *drac* pode significar tanto dragão como diabo. A palavra Drácula adotada por Bram Stoker e outros romancistas foi o nome dado ao filho de Vlad, uma vez que o sufixo "a" significa simplesmente "filho de" em romeno. Toda a família de Vlad passou a ser conhecida pela população e até nos livros de história por "Dracul". Drácula significa literalmente "filho de Dracul" ou, como veremos, "renascido" de Drácula.

Os feitos sanguinários da carreira de Drácula e o duplo significado do seu nome contribuíram para as conotações diabólicas com que foi conhecido. Assim nasceu a lenda.

Tão logo foi feito cavaleiro da ordem do Dragão, Vlad jurou lealdade ao imperador, colocou-se ao seu serviço e foi nomeado príncipe da Valáquia. Contudo, o sonho de Vlad de assumir o trono não se materializou imediatamente, pois, segundo as leis do país, qualquer filho de príncipe, legítimo ou não, podia reclamar o trono ao atingir a maioridade. Durante o período em que recebeu educação na corte de Sigismundo, seu meio-irmão Alexandru Aldea, apoderou-se do trono. Por razões políticas, o imperador desejava manter o reconhecimento de Alexandru como príncipe e nomeou Vlad, apesar da sua nova admissão à Ordem, governador militar da Transilvânia, com a missão de vigiar as regiões fronteiriças.

Vlad Dracul decidiu estabelecer seu quartel-general na fortaleza de Sighisoara, por sua posição central e estratégica. Situada na encosta da montanha, a fortaleza era rodeada de sólidas muralhas de aproximadamente um

quilômetro; tinha sido reconstruída pouco tempo antes para resistir até à mais poderosa artilharia turca. Além disso, contava com 14 torres de vigia, cada uma das quais com o nome do patrocinador de sua construção: alfaiates, peleiros, açougueiros, ferreiros etc. Graças a esses maciços torreões, a fortaleza era inexpugnável.

Os príncipes romanos da época compartilhavam com os otomanos a "filosofia do harém" e não se fazia distinção entre as esposas legítimas e as concubinas, uma vez que a única coisa que realmente contava para se subir ao trono era descender da "linhagem real masculina". Vlad Dracul, porém, gerou três filhos legítimos; o segundo deles, também chamado de Vlad Dracul e nascido em dezembro de 1431, foi o que se tornou o famoso príncipe Drácula, o Empalador.

O maior desejo de Vlad Dracul era tomar posse do que ele considerava seu trono legítimo na Valáquia, muito embora ele ainda fosse ocupado pelo seu meio-irmão. Por fim, em 1434, Sigismundo, vendo que a relação de Alexandru com os turcos era estreita demais para o seu gosto, ordenou que Vlad formasse um exército de soldados transilvanos e se apoderasse da Valáquia. Vlad Dracul enfrentou os turcos e, em 1436, entrou com seu exército em Tirgoviste, capital da Valáquia, tornando-se príncipe com a sanção do imperador.

Para o jovem Drácula, a vida na nova corte de seu pai foi uma experiência totalmente nova. Ao chegar à idade de aprendiz de cavaleiro, ensinaram-lhe natação, esgrima, luta, arco e flecha, etiqueta da corte e os mais refinados aspectos da equitação. Ele também foi iniciado em ciências políticas, cujos princípios eram essencialmente maquiavélicos, pois estava escrito que era muito melhor para um príncipe ser temido do que amado; essa forma de pensar provavelmente exerceu forte influência sobre a personalidade de Drácula.

A tradição local conta que, desde tenra idade, Drácula tinha uma fascinação quase patológica pelo translado de criminosos da prisão até o Torreão dos

Jamais o ser humano inventou torturas e métodos de matar tão horrendos quanto os utilizados por Vlad Dracul.

Joalheiros, onde eram executados na forca. Em 1437, morreu Sigismundo, rei de Luxemburgo e patrono e protetor da família Dracul, deixando a Valáquia e a família regente exposta aos ataques cada vez mais frequentes dos turcos. Assim, pouco depois da morte de Sigismundo, Vlad Dracul firmou um pacto com o sultão Murad II, da Turquia. Parece que Vlad Dracul costumava acompanhar Murad II em suas frequentes excursões à Transilvânia, as quais eram acompanhadas de assassinatos, pilhagens e a queima de aldeias, o que sem dúvida contribuiu para a criação da lenda sobre a natureza sanguinária da família Drácula.

Depois da morte do pai, o jovem Drácula continuou nas mãos dos turcos, em cujo exército serviu como oficial. Durante esse período ele teve a oportunidade de aprender todos os métodos de tortura empregados pelas tropas turcas contra os prisioneiros de guerra. Ao que parece, o empalamento de prisioneiros era uma forma de castigo tradicional.

Apesar de todo aprendizado e experiência acumulados no exército turco, Drácula continuava sendo refém do sultão e desejava ocupar o trono do mesmo modo que seu pai, Vlad Dracul, tinha feito. Assim, ele decidiu abandonar a corte do sultão turco e buscou refúgio na Moldávia, um estado vizinho à Valáquia, onde esperava receber proteção e reunir o exército que o ajudasse a tomar o trono valaco. Depois de uma série de aventuras e várias tentativas fracassadas, em 1456, Drácula tornou-se oficialmente o príncipe da Valáquia, com apenas 25 anos.

No início do seu reinado, ele foi saldado pela passagem de um cometa sobre a Europa, fato considerado pelos astrólogos da época como um sinal celestial, presságio de má sorte e um prelúdio de terremotos, epidemias, pragas, guerras e muitas outras catástrofes. Drácula, por outro lado, considerou o fenômeno um início profético de seu domínio sobre a Valáquia e estampou num dos lados das suas moedas o cometa, e no outro a águia valaca.

Drácula estabeleceu residência em Tirgoviste, que tinha se tornado o centro do poder e também da vida social e cultural do país. Comparado com os padrões de hoje, o palácio de Drácula tinha dimensões bastante modestas; era dominado por uma torre de vigia de onde era possível contemplar os campos e manter-se alerta para um eventual ataque turco. Dali também era possível observar as matanças ordenadas diariamente e que aconteciam no pátio situado na base do torreão. A torre Chindia ainda hoje pode ser visitada. Perto das adegas, dos armazéns e dos banhos, ainda podem ser vistas várias câmaras de tortura, onde se mantinham prisioneiros moribundos.

Por tradição, os boiardos, nobres famílias de latifundiários, formavam o conselho da Valáquia de cujas ordens dependia o príncipe em questões administrativas e judiciais. Os boiardos, portanto, tinham mais poder do que o soberano e por isso estavam especialmente interessados em eleger o príncipe mais fraco possível, o menos capacitado para intervir em suas decisões. Em consequência, o poder central era instável e produzia uma rápida sucessão de príncipes, cada um com uma média de dois anos de reinado.

Drácula iria mudar rápida e radicalmente essa situação, substituindo o poder dos boiardos por uma sede centralizada de poder, que ele mesmo controlava com punhos de aço. Ele também buscou vingar-se pessoalmente dos boiardos, que haviam enterrado vivo um de seus irmãos, crime que não podia ser perdoado.

A crônica romena mais antiga menciona fatos que ocorreram na primavera de 1457:

> Ele (Drácula) tinha descoberto que os boiardos de Tirgoviste haviam enterrado vivo um de seus irmãos. Para averiguar a verdade, ele procurou seu túmulo e descobriu que ele estava de bruços. Quando chegou a Páscoa, enquanto todos os cidadãos celebravam e os jovens bailavam, eles se acercou deles (...) e os conduziu, ao lado das esposas e filhos, tal como iam vestidos para a Páscoa, ao Poenari (local do famoso castelo do Drácula), onde foram postos para trabalhar até as suas roupas puírem e acabarem nus.

Segundo a tradição popular, Drácula primeiro empalou as crianças e as mulheres no pátio do palácio e em seguida os homens foram condenados e conduzidos a um lugar chamado a Fonte do Rio, uma jornada que durava dias. Uma vez ali, ordenaram que reconstruíssem o velho castelo, que já estava em ruínas. Drácula tinha ordenado aos aldeões dos arredores do castelo que construíssem fornos de olaria e também de calcinação. Os boiardos, sob a ameaça constante do chicote dos guardas de Drácula, formaram uma corrente desde as aldeias onde os tijolos eram manufaturados até as muralhas do castelo, que foi laboriosamente reconstruído. De acordo com o folclore local, dentro do castelo existe uma passagem secreta que leva às profundezas da montanha e era usada por Drácula em suas misteriosas práticas. Na mente supersticiosa dos aldeões, continua arraigada a crença de que existe uma "maldição do Drácula" nesse lugar. Dizem que à noite às vezes surge uma chama dourada no céu, interpretada como o tesouro obtido com artimanhas que Drácula arrancou dos boiardos, e ninguém deve tentar encontrar o tesouro a não ser que queria sucumbir à terrível maldição.

Para substituir os boiardos, Drácula criou a sua própria nobreza, formada em grande parte por homens de origem plebeia. Rompendo a tradição segundo a qual as terras e riquezas confiscadas de um boiardo eram entregues a um nobre da mesma classe privilegiada, Drácula as doou a plebeus cujo poder deviam inteiramente a ele e que tinham interesse pessoal na sobrevivência do regime. Estes cumpriam os deveres a eles designados pelo terrível Vlad com a mesma violência com que o Príncipe os ordenava. No entanto, a idealização do seu próprio poder não só levou Drácula a reduzir os boiardos a pouco mais do que uma classe de servos submissos, como estendeu a aplicação de seus pesados castigos a quem quer que ousasse ofendê-lo, intencionalmente ou não.

A seguir foi reproduzido um trecho de um relato que chegou aos nossos dias graças a diplomatas enviados de Gênova à Valáquia.

Sabe-se que alguns embaixadores italianos visitaram a sua corte. Ao chegar, tiraram os chapéus e capuzes diante do príncipe. Debaixo deles, usavam uma touca ou casquete que mantiveram, pois esse era o hábito entre os italianos. Drácula então lhes perguntou por que só haviam tirado os chapéus, mantendo os casquetes. Eles responderam, "Esse é o costume. Não precisamos tirar o casquete em nenhuma circunstância, nem mesmo numa audiência com o sultão ou o Sacro Imperador Romano".

Drácula estabeleceu sua residência em Tirgoviste, que se tornou não apenas o centro do poder, mas também da vida social e cultural do país.

Drácula então disse, "Com toda sinceridade, quero reconhecer e fortalecer vossos costumes". Então eles agradeceram a ele e fizeram uma reverência, acrescentando, "Senhor, nós sempre serviremos aos teus interesses se nos mostrares tamanha bondade, e enalteceremos a tua grandeza em todas as partes". Então, de maneira deliberada, o tirano e assassino fez o seguinte: pegou alguns pregos grandes de ferro e os mandou cravar em círculo na cabeça de cada embaixador. "Crede", disse enquanto seus criados pregavam os casquetes nas cabeças dos emissários, "este é o modo com que fortalecerei vossos costumes".

Também se diz que, para averiguar por si mesmo como trabalhavam na terra os lavradores, Vlad Dracul, o Jovem, vagava pelos campos disfarçado, principalmente à noite. Queria saber como viviam os camponeses, como e quanto trabalhavam e o que pensavam. Às vezes se detinha na casa de algum deles e lhe fazia todo tipo de pergunta. Esse traço, em particular, foi adotado também pelo vampiro romântico: ele se preocupava com os aldeões, não tanto porque cultivavam as suas terras proveitosamente, mas porque representavam uma boa fonte de sangue fresco. Tanto o Drácula histórico quanto o da ficção parecem representar ao mesmo tempo o papel de monstro e protetor, mantendo uma ligação dolorosa e inquebrantável com a população.

A história a seguir é uma prova dos métodos impostos pelo príncipe sobre os camponeses de suas fustigadas terras.

Um dia, Drácula encontrou um camponês que vestia uma camisa demasiadamente curta. Também chamaram sua atenção as calças de tecido caseiro agarradas às pernas e que deixavam entrever a lateral das coxas. Quando o viu vestido daquela maneira, Drácula ordenou que o levassem imediatamente à corte. "És casado?", perguntou-lhe. "Sim, alteza." "A tua esposa é, com toda certeza, uma mulher indolente! Como é possível que tua camisa não cubra as tuas panturrilhas?" Ela não merece viver no meu reino! Deve morrer!" "Rogo que me perdoes, Senhor, mas estou satisfeito com ela. Nunca sai de casa e é honesta." "Ficarás mais satisfeito com outra, pois és um homem decente e trabalhador." Nesse meio-tempo, dois homens de Drácula trouxeram a pobre mulher, que foi imediatamente empalada. Então trouxeram outra e entregaram ao camponês viúvo, para que se casassem.

O torreão do palácio de Vlad Dracul, de onde o terrível príncipe contemplava os seus súditos empalados e torturados no pátio. Quantas almas ainda vagam pelos arredores, recordando os horrores vividos?

112 · MANUELA DUNN-MASCETTI

Nas proximidades do castelo de Vlad Dracul se encontram as lápides dos assassinados e torturados, enfileiradas num bosque lúgubre. As almas talvez continuem evocando as cenas mais terríveis da história.

Drácula contou à nova esposa o que tinha acontecido à sua predecessora e expli-cou-lhe as razões por que ela provocara a ira do príncipe. Consequentemente, a nova esposa empenhou-se tanto que mal tinha tempo para comer. Colocava o pão sobre um ombro e o sal sobre o outro e trabalhava dessa maneira. Ela tentou dar mais satisfação ao novo marido do que a primeira esposa para não atrair sobre si a cólera de Drácula.

O príncipe Drácula castigava de maneira inflexível e cruel os parasitas da so-ciedade, os mendigos e os vagabundos, para dar exemplo ao restante da popu-lação e para que trabalhassem com mais afinco sem se rebelar contra as suas regras. Existe um exemplo disso tão conhecido que já foi, ao longo dos sécu-los, traduzido para diversos idiomas, entre eles o alemão, o russo e o romeno. Neste trecho, baseado numa versão romana, Drácula purifica a Valáquia de mendigos, doentes e miseráveis.

Depois de convidar viajantes, doentes, coxos, miseráveis, cegos e vagabundos para se apresentarem num grande salão de jantar em Tirgoviste, Drácula ordenou que lhes preparassem um banquete. No dia marcado, Tirgoviste curvou-se sob o peso de um grande número de mendigos reunidos ali. Os criados do príncipe entregaram rou-pas a cada um deles e em seguida os conduziram a uma grande mansão onde me-sas tinham sido preparadas. Os mendigos se maravilharam diante da generosidade do príncipe e comentaram entre eles sobre a gentileza do príncipe. Então começa-ram a comer. E o que acham que viram diante deles? Uma refeição como a que en-contrariam na própria mesa do príncipe, vinhos e os pratos mais deliciosos que podem imaginar. Os mendigos tiveram um banquete que se tornou lendário. Co-meram e beberam até se fartar. Muitos deles se embebedaram. Quando já não con-seguiam se comunicar entre si de modo coerente, viram-se de repente rodeados de fogo e fumaça. O príncipe tinha ordenado que os servos incendiassem a casa. Todos correram para as portas, mas estavam trancadas. O fogo aumentava. As cha-mas se erguiam como dragões incandescentes. Gritos, gemidos e lamentos saíam dos lábios infelizes enclausurados ali. Mas por que o fogo se comoveria com as súpli-cas desses homens? Caíram uns sobre os outros. Abraçaram-se. Buscaram ajuda, mas não havia ouvido humano que os escutasse. Começaram a retorcer-se no tormento do fogo que os destruía. A fumaça sufocou alguns, as brasas reduziram outros a cinzas. Quando o fogo se extinguiu naturalmente, não havia nem sequer uma alma viva.

Tão grande era o medo de empalamento que o roubo e outros delitos desapareceram completamente de todo o reino do Drácula. Essa nova ordem das coisas se devia não tanto à virtude do príncipe maquiavélico mas à sua mente torturada. A lembrança de sua crueldade continua nos contos do folclore romano.

Se uma esposa cometia adultério, Drácula ordenava que lhes cortassem os órgãos sexuais. Ela era depois esfolada viva e sua carne exposta em praça pública, com a pele dependurada numa estaca ou exposta numa mesa no centro da praça do mercado. Aplicava-se o mesmo castigo às donzelas que não mantinham a virgindade e as viúvas não castas. Nos delitos menores, Drácula ficou conhecido por ter cortado o mamilo do seio de uma mulher. Também introduziu um ferro em brasa na vagina de uma mulher, fazendo o instrumento atravessar suas entranhas e sair pela boca. Ele então mandou amarrá-la num poste nua e deixá-la exposta ali até que a pele se desprendesse do corpo e os ossos se desconjuntassem.

Morte do Drácula, nascimento do Drácula

Pouco se sabe sobre o lugar onde foi enterrado Drácula. Segundo as crônicas romenas, ele foi sepultado em Snagov, onde existe, numa ilha no meio de um lago, um antigo mosteiro em ruínas que Dracul ajudou a reconstruir. Na imaginação supersticiosa dos habitantes de Snagov, ainda está viva a ideia de que o Empalador ainda assombra os arredores da pequena igreja, talvez decepcionantemente tranquila.

O lago é rodeado pelo bosque fechado de Vlasia, e a ilha de Snagov oferece uma linda vista. Dizem que, no inverno, quando o lago está congelado, um disparo de canhão da ilha pode romper totalmente o gelo e afogar todos os que pretendem chegar a ela. De acordo com o folclore tradicional, o mosteiro foi reconstruído por Dracul na forma de fortaleza e, no interior de seus muros sagrados, escondem-se os tesouros roubados dos boiardos. Os monges, no entanto, receosos de que esses tesouros tentassem os turcos, lançaram-nos no lago, onde eles ainda podem ser encontrados.

Outros relatos dos camponeses contam os crimes de Dracul na ilha. Acredita-se que ele tenha transformado o mosteiro numa prisão e que em suas celas torturou muita gente; o descobrimento dos esqueletos decapitados, com os crânios colocados junto aos corpos perfurados, parece fundamentar a lenda de que o príncipe Dracul ordenou empalamentos até na ilha.

Embora uma série de escavações arqueológicas tenha sido realizada nas fundações de Snagov, não foram encontrados restos que possam ser atribuídos ao príncipe Dracul.

Existe uma antiga lenda, porém, sobre a existência de uma aterradora escola demoníaca nas montanhas, mencionada inclusive por Bram Stoker em seu romance, e ao que parece frequentada pelos Dráculas.

Eles [os Dráculas] aprenderam os segredos da Escolomancia entre as montanhas que rodeiam o lago Hermanstadt, onde o diabo exige como pagamento um de cada dez alunos.

Nas crônicas ocidentais existem outras referências a essa escola.

[...] supõe-se que exista uma escola em algum lugar das montanhas, onde o diabo em pessoa ensina todos os segredos da natureza, a linguagem dos animais e todos os encantamentos e talismãs mágicos imagináveis. Só são admitidos dez alunos por vez e, quando termina o ano letivo e nove deles voltam para casa, o décimo estudante é retido pelo diabo como pagamento e montado sobre Ismeju (a grafia correta em romeno é Zmeu, que significa dragão) e se transforma, a partir desse momento, no assistente do diabo [...] Supõe-se que um pequeno lago situado entre as montanhas de Hermannstadt, e de incomensurável profundidade,

[...] supõe-se que exista uma escola em algum lugar das montanhas, onde o diabo em pessoa ensina todos os segredos da natureza, a linguagem dos animais e todos os encantamentos e talismãs mágicos imagináveis.

é o caldeirão onde se forma o trovão e, quando o tempo está bom, o dragão dorme sob as águas.

A palavra "Escolomancia" deriva do romeno "Solomari", que significa "estudante de alquimia". Trata-se de uma corruptela da palavra Salomão, o sábio juiz da Bíblia que a lenda converteu em alquimista. Como os lugares lendários são mantidos em segredo ou camufla-se a sua verdadeira localização com o nome de uma cidade diferente, é muito possível que Drácula tenha sido enterrado na escola secreta de Hermannstadt ou que a escola secreta estivesse situada em Snagov. Os monges de Snagov explicam que até os dias de hoje eles armazenam provisões em meados do outono, prevendo o rigoroso inverno que os isola do resto do mundo durante muitos meses. Além disso, Snagov era um antigo centro de aprendizagem. Será possível que a imaginação confunda ambos os lugares, misturando as duas lendas para formar uma terceira, que descreve onde Drácula foi enterrado e explica suas misteriosas práticas mágicas? A crença de que Drácula frequentou a escola de Escolomancia explicaria a passagem do personagem histórico para o sobrenatural, fictício.

Dizem que o dia mais importante para os camponeses romenos, e sem dúvida para muitos europeus, é o dia de São Jorge, 23 de abril. Na véspera desse dia celebram-se reuniões noturnas em cavernas solitárias ou dentro de muralhas em ruínas, nas quais se praticam todas as cerimônias para a celebração do sabá das bruxas. Essa noite também é a ideal para se encontrar tesouros. Na véspera da noite de São Jorge, todos os tesouros começam a arder, para florescer no seio da terra, e o resplendor que emitem, descrito como uma chama azulada, serve de guia para os mortais até o lugar onde esses tesouros estão escondidos.

Pode ser que nessa mesma noite um mortal em busca do Príncipe das Trevas visse uma luz surgindo das águas do lago onde estivesse submerso o tesouro... pois o Dragão, o símbolo do Drácula, favorece nessa noite todas as buscas.

No entanto, a mais estranha de todas as lendas e histórias surgidas em torno de Vlad Dracul é a de que ele voltou para a região duzentos anos depois e foi visto e atestado por muitos como descendente da mesma família, nascido em época diferente. A sua aparência assemelhava-se às descrições do seu antepassado sanguinário, embora parecesse mais nobre e menos violento. A época em que regressou eram tempos mais tranquilos e o novo príncipe Drácula se adaptou bem a ela. Essas mesmas lendas afirmam que o Príncipe das Trevas nunca morreu, motivo pelo qual nunca encontraram o seu caixão, pois ele o carrega com ele até hoje.

Se analisarmos a natureza e amplitude dos crimes cometidos pelo príncipe Drácula durante o seu reinado, poderemos chegar à conclusão de que ele foi um dos maiores e mais cruéis psicopatas da história. Calcula-se que suas vítimas chegaram a um mínimo de quarenta mil e a um máximo de cem mil, o que representa uma quinta parte da população total da Valáquia, que na época contava com aproximadamente meio milhão de habitantes.

Drácula, porém, não se limitou a empalamentos. No pátio de Tirgoviste e em vários lugares estratégicos, como praças públicas e mercados, havia sempre estacas preparadas. Dizem que eram bem polidas e untadas com azeite para que as entranhas das vítimas não fossem perfuradas de modo a matá-las instantaneamente. Dizem que Drácula só aparecia quando se prendiam as pernas da vítima a dois cavalos, os quais ele fustigava pessoalmente para que disparassem em direções opostas. Ao mesmo tempo os criados seguravam o corpo e a estaca firmemente no lugar. Alguns empalamentos não se realizavam através do reto, mas do umbigo, do coração, da barriga ou do peito.

É precisamente essa prática truculenta de cravar uma estaca de madeira no coração ou em outro órgão vital que contribuiu com a lenda de que só se pode matar um vampiro utilizando-se o mesmo método. Possivelmente, os incontáveis mortos, vítimas de Drácula, o Príncipe das Trevas, continuam buscando vingança e induzem inconscientemente os caçadores de vampiros a administrar o mesmo castigo aos da sua espécie. É certo que Drácula não matou somente homens, mas também crianças, velhos e mulheres. Esses crimes não são esquecidos facilmente.

Drácula decapitou, cortou narizes, órgãos sexuais e membros; cravou chapéus em crânios; cegou, estrangulou, enforcou, queimou, ferveu, esfolou, assou, picou e enterrou pessoas vivas. Suspeita-se que praticava canibalismo, comia os membros de suas vítimas e bebia seu sangue; provou-se que obrigava outras pessoas a comer carne humana e costumava untar a sola dos pés dos prisioneiros com sal e mel, para deixar que animais os lambessem, provocando um sofrimento infinito.

Em resumo, a loucura que se apoderou do príncipe Drácula e que o levou a cometer os piores crimes da história foi difundida por monges e viajantes que foram da Valáquia para a Europa central, onde a lenda de Drácula adquiriu dimensões desproporcionais. Os eruditos e os círculos europeus menos bárbaros, que se vangloriavam de ter chegado ao "renascimento" da humanidade, estavam sedentos de histórias de horror, vindas de lugares tão remotos quanto a Valáquia. O monstro histórico reviveu nas páginas dos primeiros contos de horror; alguns dos seus traços reais, como o prazer quase físico que lhe produzia a dor e a tortura, a sede de sangue e sua origem aristocrática, mantiveram-se intactos e ainda estão presentes nos atuais romances de vampiros. Outras características, como os caninos longos, o olhar hipnótico e a sua imortalidade, devem-se em parte à imaginação febril desperta nas lembranças das histórias de terror e nas superstições medievais, e em parte às evidências, que se estenderam por toda a Europa, de que existiam realmente criaturas chupadoras de sangue.

Além disso, segundo os relatos, o príncipe Drácula não foi apenas um psicopata e um homem que padecia de impotência sexual e tinha prazer em ver uma estaca sendo introduzida nos genitais das vítimas; existem alguns mistérios que levam o leitor do truculento ao sobrenatural, especialmente no que diz respeito à sua morte, ao fato de o seu túmulo nunca ter sido encontrado e à relação entre a sua morte e uma antiga escola de ocultismo cuja existência foi mantida em segredo até agora. E é aqui que começamos a ver a ligação definitiva entre a morte do príncipe Vlad Dracul e o renascimento de seu filho: o príncipe das Trevas, o Drácula propriamente dito.

Capítulo 5
Família de vampiros

Os verdadeiros vampiros aspiram a uma existência tranquila nos grandes salões dos castelos encravados nos Cárpatos ou em bosques escuros e densos. O anonimato é uma das mais poderosas armas para sua sobrevivência, pois tão logo a sua existência é descoberta, sua "vida" corre perigo. A monotonia cansativa e interminável de sua existência só é interrompida pela sede de sangue, que o obriga a buscar uma vítima entre os mortais.

No entanto, como acontece com todas as coisas naturais e sobrenaturais, existem algumas exceções, uma vez que certos vampiros rejubilam-se quando ocupam o primeiro plano na alta sociedade, pois seus jogos de esconde-esconde com as vítimas e com os caçadores de vampiros proporcionam uma agradável diversão para a sua vida eterna. O prazer e a empolgação de serem mais rápidos, de atuar segundo leis alheias ao mundo humano permitem que tenham um conhecimento único da história, graças à experiência acumulada ao longo dos séculos. Seus poderes hipnóticos que paralisam as suas vítimas, a sua capacidade de se tornar invisíveis, em outras palavras, de ser muito diferentes dos outros mortais, tudo isso deve ser muito divertido quando eles circulam nas rodas da sociedade. Como muito poucos vampiros levam esse tipo de existência tão diferente, eles tendem a se tornar o centro das atenções em qualquer lugar que vão.

Assim, alguns vampiros se tornaram muito famosos, e os relatos que giram em torno de sua existência já foram narrados incontáveis vezes, pois são muito prazerosos. Seu sucesso não se deve apenas ao fato de que se trata da história de uma criatura sobrenatural, monstruosa e porém fascinante, mas também porque esses vampiros frequentam ambientes absolutamente normais – cenários contemporâneos. O mal é talvez ainda mais aterrador quando aparece num mundo reconhecível e não numa atmosfera remota e estranha. Tomemos como exemplo Lord Ruthven...

Lord Ruthven

Lord Ruthven é um vampiro que vive em Londres, a cidade onde nasceu. O inverno londrino é marcado por várias festas oferecidas pelos personagens mais importantes da época, e Lord Ruthven, um autêntico aristocrata, as frequenta com assiduidade, mais por sua estranha natureza do que pelo sangue azul. Ele passa os invernos no estrangeiro, de preferência na Grécia, onde ainda existem muitos lugares remotos que se pode visitar e onde ele pode ficar a sós, sem nada que o perturbe.

Robert Polidori escreveu suas experiências na forma de ficção sobre a figura de Lord Ruthven.

Lord Ruthven é calmo por natureza e poucas vezes demonstra sua inteligência e poderes sobrenaturais. Aparentemente, só o atraem as risadas dos mais honrados. O seu rosto, apesar de muito atraente, tem sempre um aspecto mortiço, sem frescor. Isso não parece desanimar os que buscam a fama, pois, vendo-o como a encarnação de valores aristocráticos mais verdadeiros, esforçam-se para conquistar o seu afeto. Ele tem, além disso, a reputação de ter uma personalidade cativante e é talvez por essa razão que todos os bons anfitriões disputam a sua presença entre seus convidados.

Circulavam boatos de que Lord Ruthven tinha um irresistível poder de sedução, além de costumes muito devassos, que o tornavam alguém muito perigoso para as belas anfitriãs. Para aumentar o seu contentamento depois da sedução, Lord Ruthven ordenava que a sua companheira de pecado fosse atirada do pináculo da virtude até o mais profundo abismo da infâmia e da degradação. Sua preferência recaía sobre moças inexperientes da nobreza, embora saiba-se que ele recebia também os favores de mulheres maduras e até casadas. Quando lhe perguntavam sobre suas intenções com as moças inexperientes, ele dizia que eram tudo o que ele conseguira na ocasião. Quando perguntavam se iria se casar com elas, depois de lhes tirar a virtude, ele respondia com uma risada cruel. As mulheres que antes eram belas e alegres tornavam-se desanimadas e sem vida depois de uma breve relação com Lord Ruthven. Outras enlouqueciam de paixão e, depois de ter um caso com ele, tudo o que queriam era a morte e a aniquilação.

A paixão de Lord Ruthven parecia incendiar-se além da medida quando ele conseguia seduzir uma moça amada por outro homem, principalmente se se tratasse de alguém que se considerava seu amigo. O próprio lorde se vangloriava de não ter amigos, mas às vezes mostrava predileção por algum de seus companheiros, especialmente se estivesse acompanhado de uma moça jovem e inocente. Se o homem tentasse evitar que ele conquistasse a garota, Lord Ruthven o atacava com uma força que só podia ser descrita como sobre-humana.

Muitos amantes feridos tentaram matar Lord Ruthven, e algum pode ter sido bem-sucedido ou pensado assim. Numa ocasião, os criados, atendendo à sua vontade, transportaram o corpo sem vida do lorde para uma colina, de modo que o cadáver fosse exposto ao primeiro raio de luar que surgisse após sua morte. No entanto, quando seu amigo subiu a montanha no dia seguinte, não encontrou mais o corpo nem as roupas. A conclusão foi a de que os criados tinham roubado as belas roupas do aristocrata e enterrado o cadáver para não serem descobertos. Lord Ruthven tinha, na verdade, assassinado a amante de seu amigo, embora este não soubesse disso, pois tudo acontecera durante a noite e ainda não havia nenhuma suspeita de vampirismo. Imagine, então, o horror que tomou conta dele quando voltou a Londres e viu Lord Ruthven em uma festa, num elegante círculo de admiradores, tentando obter os favores de sua própria irmã. A história acaba com o homem tão consternado por ter perdido primeiro a sua amada e logo depois a sua irmã que morre de dor e loucura, enquanto Lord Ruthven sacia a sua sede vampiresca com as jovens bonitas.

Varney, o vampiro

Varney é uma criatura lúgubre que gosta de acordar as jovens bonitas arranhando com as unhas as vidraças dos dormitórios enquanto elas dormem, como se imitasse o barulho do granizo golpeando o vidro, pois prefere atacar nas noites de tempestade. Seu rosto é completamente branco e exangue. Os olhos parecem de metal polido e de seus lábios entreabertos projetam-se dentes aterradores, como os de um animal selvagem: de aspecto horrendo, são absolutamente brancos e em forma de presas.

As unhas ficam literalmente penduradas da ponta dos dedos, e ele adora fazê-las bater uma na outra, produzindo um som arrepiante que paralisa as vítimas. Seu terrível olhar metálico é hipnótico como o de uma serpente; sua força é sobre-humana.

Varney se compraz em profanar o corpo roliço das moças bonitas com sua horrível virilidade, enquanto emite um som apavorante de sucção e chupa o sangue do pescoço da vítima.

Depois de se alimentar, seu rosto adquire a cor do sangue fresco e seus olhos, um brilho selvagem extraordinário. Se antes brilhavam como aço, depois do ataque ficam dez vezes mais brilhantes e parecem lançar dardos de luz. Varney, o Vampiro, também é reconhecido pelo horrível uivo que sai de sua garganta.

O cavaleiro Azzo

O cavaleiro Azzo mora no castelo Klatka, situado nos Cárpatos, na Romênia. O castelo, assombrado e abandonado durante séculos, fica situado em meio às terras do cavaleiro de Fahnenberg, descendente de uma família de nobres austríacos. O título de Fahnenberg ele herdou junto com as terras e bens de família, dentro e fora da Áustria. Cada vez que um novo cavaleiro de Fahnenberg visita seu castelo na Romênia, encontra-se com o estranho e exótico cavaleiro Azzo, que vive ali e perambula pelos bosques das redondezas há centenas de anos.

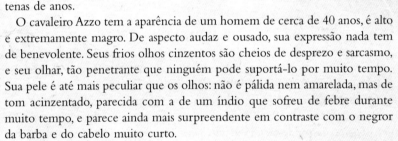

O cavaleiro Azzo tem a aparência de um homem de cerca de 40 anos, é alto e extremamente magro. De aspecto audaz e ousado, sua expressão nada tem de benevolente. Seus frios olhos cinzentos são cheios de desprezo e sarcasmo, e seu olhar, tão penetrante que ninguém pode suportá-lo por muito tempo. Sua pele é até mais peculiar que os olhos: não é pálida nem amarelada, mas de tom acinzentado, parecida com a de um índio que sofreu de febre durante muito tempo, e parece ainda mais surpreendente em contraste com o negror da barba e do cabelo muito curto.

Ele veste roupas de cavaleiro, mas fora de moda e desleixadas; a armadura tem grandes manchas de ferrugem perto do pescoço e no peitoril. Carrega uma adaga e uma espada, como todos os cavaleiros de verdade.

Embora pudesse aceitar qualquer convite para jantar dos vizinhos, o cavaleiro de Fahnenberg e sua família nunca comem, sob a justificativa de que não digerem bem alimentos sólidos e vivem apenas de líquidos.

Ele gosta de ser chamado de Azzo von Klatka por aqueles que entretém com suas especulações sobre temas existenciais, e se envolve muito mais nas conversas quando está na presença de mulheres jovens, bonitas e solteiras. No entanto, mostra-se generoso, distante, sarcástico e ofensivo com o prometido da donzela eleita ou com qualquer homem jovem que ouse desafiar o seu gênio ou força.

O cavaleiro Azzo aprecia tudo o que é peculiar e pouco comum. Ele fala com lobos, que lhe obedecem e se comportam como cordeirinhos mansos em sua presença. Afirma que todas as coisas são iguais; vida e morte, este e o outro lado da sepultura tem mais semelhanças do que se pode imaginar. Ele se diverte caçando e passando muitas noites sem lua na floresta escura e nos pântanos que rodeiam o castelo de Klatka. Também adora cavalgar seu incansável cavalo à luz pálida da Lua, pelas colinas e vales, bosques e arvoredos.

O cavaleiro não recebe nem vê nada que não seja a luz brilhante da Lua. Com estranhos ele mostra uma fria polidez e tende a ser monossilábico. Sua maneira de falar, no entanto, revela claramente o seu profundo ódio, uma fria aversão por toda a humanidade, com exceção das mulheres jovens e bonitas.

Carmilla

Carmilla é um anagrama do verdadeiro nome de Mircalla, a condessa Karnstein. Ao longo dos séculos ela ficou conhecida por muitos nomes, todos eles anagramas do original; Millarca e Carmilla são dois dos seus mais famosos disfarces.

As feições da condessa, no entanto, permaneceram inalteradas ao longo dos séculos transcorridos desde a sua "morte". Trata-se de uma moça de extraordinária beleza, que não chega aos 20 anos. É mais alta que a maioria das moças de sua idade, magra e extremamente elegante; seus movimentos são lânguidos, muito lânguidos, parece que seus olhos nunca piscam e se detêm imóveis sobre os objetos por muito tempo. A pele é sedosa e brilhante; os traços, pequenos e bem formados; os olhos grandes, escuros e brilhantes. Poucas vezes alguém viu um cabelo semelhante; espesso e comprido até os ombros, extremamente fino e sedoso, de cor castanho-escuro, com reflexos dourados.

Carmilla tem uma voz baixa e doce, adora conversar e se entretém com temas inocentes. Sua beleza, sua graça, seus modos e sua conversa são tão encantadores que ela é convidada para muitos bailes da nobreza.

FAMÍLIA DE VAMPIROS · 129

As vampiras foram ganhando terreno durante o século XIX.
De meras escravas dos vampiros, tornaram-se
assassinas por direito próprio.

Criatura extremamente sensual, Carmilla apaixona-se profunda e desesperadamente por uma garota e seu único desejo é morrer junto com ela. Ela a beija no rosto, respira bem próximo ao seu pescoço e segura as mãos da moça firmemente de encontro ao coração.

Pouco se sabe sobre ela, uma vez que mantém uma absoluta discrição sobre tudo o que lhe diz respeito: sobre sua mãe, sua família, suas origens, sua vida, seus planos. Justifica-se dizendo que prometeu à mãe nunca revelar nada a ninguém; no entanto, para não ferir os sentimentos dos amigos, ela promete constantemente a eles que no devido tempo contará tudo. Ela só admite três coisas: primeira, seu nome é Carmilla, ou qualquer anagrama derivado dessa palavra; segunda, sua família é muito antiga e nobre; terceira, sua casa fica na direção oeste.

Carmilla sempre aparece em companhia da mãe e conversa animadamente com uma moça adorável da sua idade, que mora sozinha com o pai num castelo distante. Como os jovens, especialmente as moças, enamora-se e ama ao primeiro impulso, e seus pais se sentem compadecidos com a amizade que une a filha a uma moça tão nobre e bela. A mãe de Carmilla, precisa viajar devido a negócios urgentes e de vital importância e deixa a sua filha aos cuidados dos avós, que prometem cuidar dela até que a condessa volte, vários meses depois. Carmilla, segundo a mãe, não pode fazer viagens longas, pois tem saúde delicada e sofre dos nervos. Graças à beleza da jovem e sincero afeto que têm pela filha, os avós sempre atendem aos pedidos da condessa, uma vez que a presença de Carmilla só pode dar alegria às suas existências solitárias.

Os costumes de Carmilla acabam por se revelar bastante chocantes para os aldeões. Ela só sai de seu quarto tarde da noite, toma uma xícara de chocolate e não come nada. Sempre que sai para dar um passeio parece se sentir cansada de imediato e precisa retornar ao castelo, sentar-se e descansar num dos bancos do jardim. Também tem o costume de trancar seu quarto durante a noite, alegando que uma vez ladrões o invadiram, muitos anos antes, e ela temia que isso voltasse a acontecer. No entanto, correm rumores de que ela é vista perambulando à noite pelos bosques das cercanias, como uma alma penada.

Carmilla detesta os enterros e sempre que vê um tem um ataque de raiva, seu rosto empalidece, violentos tremores sacodem seu corpo e ela cerra os punhos com firmeza. Essa reação, porém, só dura alguns instantes e ela rapidamente recupera a compostura e se comporta como se nada tivesse acontecido.

Criatura extremamente sensual, Carmilla apaixona-se profunda e desesperadamente por uma garota e seu único desejo é morrer junto com ela. Ela a beija no rosto, respira bem próximo ao seu pescoço e segura as mãos da moça firmemente de encontro ao coração.

Assim é a paixão de Carmilla, segundo uma de suas vítimas:

Às vezes, depois de um longo período de indiferença, minha estranha e belíssima amiga tomava a minha mão e a segurava com paixão. Ela enrubescia, fitava-me com olhos às vezes lânguidos às vezes fogosos e respirava tão rapidamente que o vestido subia e descia sobre o peito. Demonstrava o ardor de uma amante e isso me embaraçava. Desejava evitá-la e ao mesmo tempo me deixava dominar. Carmilla me envolvia entre os braços, fitava-me intensamente nos olhos e dava mil beijos ardentes em minhas bochechas. Com um sussurro quase inaudível me dizia: "Serás minha, tens de ser minha. Tu e eu devemos ser uma só, para sempre". Depois reclinava-se na cadeira, cobrindo os olhos com as mãozinhas, e me deixava trêmula.

Tão logo Carmilla se estabeleceu na região, iniciou-se uma série de mortes inexplicáveis do ponto de vista médico; mulheres morriam de repente, depois de uma enfermidade de 24 horas. Ao mesmo tempo, sua amiga e companheira, a tão amada vítima de Carmilla, recebe as visitas noturnas do que parece ser um enorme e sinistro gato preto, que perambula pelo quarto como uma fera enjaulada. Quando o quarto está totalmente escuro, o gato salta sobre a cama e a vítima sente uma dor pungente, como se duas grossas agulhas fossem cravadas em seu pescoço. Carmilla tem duas faculdades: ela pode se transformar num grande gato preto e pode se tornar invisível.

A verdadeira história de Mircalla, a condessa de Karnstein, é muito triste e surpreendente. Quando viva, no ano de 1698, ela foi atacada por um vampiro e se tornou um deles. Um antepassado do barão Vordenburg, o homem que acabou por matá-la séculos depois, amava-a profundamente e a idolatrava. Embora ele suspeitasse de que se tratava de um caso de vampirismo, seu maior pavor era o de que seus amados restos fossem profanados pelo ultraje de uma execução póstuma, como era costume com os mortos suspeitos

"Serás minha, tens de ser minha.
Tu e eu devemos ser uma só, para sempre."

de vampirismo. O barão havia deixado um curioso documento para demonstrar que o vampiro, ao ser morto outra vez, passa a ter uma vida muito mais horrível, uma evidência que ele tinha descoberto em antigos livros de ocultismo. Querendo evitar tão terrível destino à sua amada Mircalla, ele viajou até o castelo de Karnstein com a intenção de exumar seu corpo e mudar a sua posição no túmulo, que ele cobriu de plantas para que não fosse descoberto. Ele escreveu, no entanto, um diário com um plano e anotações para orientar futuros caçadores de vampiros até o lugar em que estava a sepultura. Nesse diário, também confessou a artimanha cometida.

A aldeia situada junto ao castelo de Karnstein foi abandonada depois da morte da condessa, e os descendentes dos que serviram no castelo enquanto ela estava viva acharam que ela tinha sido morta outra vez como vampira. Como isso era um engano, Carmilla continuou matando mulheres às cente-

Cena do filme *Matadores de Vampiras Lésbicas* (Phil Claydon, 2009), com a atriz Silvia Colloca na personagem de Carmilla. O filme é uma homenagem irônica aos grandes clássicos góticos e de terror da produtora Hammer.

nas até que seu túmulo foi encontrado, uma estaca foi cravada no seu coração e os restos queimados e atirados num rio das redondezas. Nada se sabe sobre quem poderia ser a ilustre dama que se dizia mãe de Carmilla.

Julia Stone

Julia Stone morava num quarto, no alto de uma torre que ainda existe nos bosques de Ashdown, distrito de Sussex, ao sul da Inglaterra.

Nessa torre ainda existe um quadro dela, que retrata uma anciã de cabelos brancos. Seu corpo deixa transparecer uma evidente debilidade, mas está envolto numa estranha aura de exuberância e vitalidade – uma exuberância totalmente maligna e uma vitalidade absolutamente diabólica. O mal irradia dos seus olhos estreitos e lascivos e sua boca demoníaca solta uma risada cruel. Todo o seu rosto tem uma alegria misteriosa e assustadora. As mãos, entrelaçadas sobre os joelhos, parecem se agitar num indescritível e reprimido divertimento. No canto inferior esquerdo, aparece a assinatura "Julia Stone por Julia Stone".

Ninguém pode remover essa pintura da parede. Para começar, ela é tão pesada que nem três homens fortes conseguem tirá-la do gancho que a prende. A pintura, além do mais, corta as mãos e os membros daqueles que tentam removê-la e, embora o corte seja invisível, sangra copiosamente. Viajantes que, pelas circunstâncias, foram obrigados a dormir na alcova da torre ficaram tão aterrorizados ao ver o quadro de Julia Stone que insistiram em retirá-lo apesar das dificuldades.

Conta-se que Julia Stone aparece à noite, vestida com uma roupa branca muito justa e manchada de bolor. Ataca as suas vítimas, geralmente homens, imobilizando-os na cama com uma força sobre-humana para sugar-lhes o sangue da lateral do pescoço. Sempre que ela aparece, um odor nauseabundo invade o recinto e seu retrato volta à parede, como se nunca tivesse sido retirado dali.

Segundo as crônicas da região, que se encontram na igreja do lugar, tentou-se três vezes, muitos anos atrás, enterrar o corpo de uma mulher que havia se suicidado. Numa ocasião, o caixão foi encontrado, alguns dias depois, visível na superfície do solo. Depois da terceira tentativa, para que a notícia não se espalhasse, o corpo foi enterrado em terreno não consagrado. O local escolhido ficava do lado de fora do portão de ferro do jardim da casa onde havia morado a mulher. Ela se suicidara no quarto que ficava no alto da torre dessa casa. Seu nome era Julia Stone.

A moça de olhos famintos

A moça era uma modelo famosa nos Estados Unidos, mas não se parecia com nenhuma outra. Era artificial. Mórbida. E diabólica.

A moça é o rosto, o corpo e a imagem do estilo de vida americano, mas ninguém sabe nada sobre ela: nem de onde veio, nem onde mora, nem o que faz, nem quem é; nem mesmo seu nome. Ela nunca foi desenhada nem retratada numa pintura. Todos os seus retratos originam-se de fotografias. E tampouco foi entrevistada alguma vez.

Ninguém nunca a viu, exceto um fotógrafo, que está ganhando mais dinheiro do que jamais sonhou.

A moça tem braços magros, um pescoço delgado e o rosto ligeiramente descarnado, mas austero; uma massa de cabelos negros sobre o rosto e, debaixo deles, os olhos mais famintos deste mundo. A razão pela qual ele aparece nas capas de todas as revistas de moda são esses olhos, de uma fome que é totalmente sexual e às vezes algo diferente disso. Todo mundo busca na imagem da garota algo mais do que sexo.

Christina Fulton foi a protagonista de *Olhos Famintos*, um filme de Jon Jacobs (1995).

138 · MANUELA DUNN-MASCETTI

A garota só trabalhou para dois fotógrafos e nunca forneceu o seu nome, telefone ou endereço a ninguém. Ela chegava ao trabalho sempre pontualmente, nunca se cansava e proibia os fotógrafos de segui-la fora do estúdio ou que olhassem pela janela quando saía do edifício, com a ameaça de que teriam de conseguir outra modelo caso fizessem isso.

Um dos fotógrafos tinha uma teoria que talvez pudesse explicar o sucesso da moça. Imaginemos os desejos de milhares de pessoas concentradas numa pessoa telepática. Uma moça, por exemplo... Imaginemos que ela conheça os anseios mais secretos de milhões de homens. Imaginemos que ela seja capaz de compreender e captar esses desejos muito mais profundamente que as pessoas que os têm, vendo o ódio e o desejo de morte por trás da luxúria. Imaginemo-la moldando a si mesma para adaptar-se a essa imagem, mantendo-se tão distante e fria como mármore. E imaginemos a fome que ela pode sentir em resposta à fome de milhões de pessoas. Eis como a moça aparece, isso é o que se sente quando se fita seus olhos famintos.

O primeiro fotógrafo que lhe tirou uma foto e que a tornou famosa era o único que, na realidade, conhecia o seu segredo. Ele ficava enjoado sempre que ela estava no estúdio, e se sentia atraído e ao mesmo tempo repelido. À medida que a fama da garota ia aumentando, o fotógrafo examinava todos os jornais matutinos para ver quantas fotos dela tinham sido publicadas. Dava-se conta, no entanto, que a cada semana ocorriam na cidade homicídios para os quais a polícia não encontrava explicação, pois a maneira de matar era completamente desconhecida.

O fotógrafo ficou hipnotizado pela moça. Tentou se aproximar dela, mas foi rechaçado com um sorriso. Quanto mais tentativas da parte dele, menos sorrisos e mais recusas da parte dela. Ele acabou decidindo segui-la, pondo em risco a sua fama para tentar descobrir mais sobre ela. Ele viu que ela esperou no meio-fio até que um coche, dirigido por um jovem, apanhou-a e eles desapareceram na noite. Nessa noite, o fotógrafo se embebedou. Na manhã seguinte, viu o rosto do jovem no jornal; tinha sido assassinado.

O fotógrafo então decidiu arriscar tudo e descer as escadas de braço dado com a moça, depois do trabalho. Ela lhe perguntou se ele sabia o que estava fazendo e ele respondeu que sim. Foram passear no parque; ela, muito silenciosa, sentou-se no gramado e o atraiu para si. Ele começou a apalpar-lhe a blusa, mas a moça afastou sua mão dizendo que não era o que queria.

Eu quero você. Quero tudo o que o torna alguém especial. Quero tudo o que lhe trouxe felicidade e tudo o que o feriu. Quero ser a sua primeira garota. Quero essa bicicleta reluzente. Quero essa lambida. Quero essa câmera barata. Quero a morte da sua mãe. Quero o céu azul cheio de estrelas. Quero o seu sangue sobre o calçamento. Quero a boca de Mildred. Quero a primeira foto que você vendeu. Quero as luzes de Chicago. Quero o gim. Quero as mãos de Gwen. Quero que você me queira. Quero a sua vida. Alimente-me, querido, alimente-me.

Existem vampiros e vampiros, e os que chupam sangue não são os piores.

O conde Drácula: o Príncipe das Trevas

Em último lugar, mas certamente não menos importante, vem o próprio conde Drácula. As antigas lendas da família Vlad Dracul, nas quais se baseou Bram Stoker, contam que o conde era um homem alto e de idade madura, com o rosto barbeado, com exceção de um espesso bigode branco – não como é geralmente representado nos filmes –, vestido de preto da cabeça aos pés, sem vestígio de cor em parte alguma do corpo.

Stoker dá destaque ao inglês perfeito do conde, mas com uma estranha "entonação" e grande charme. Examinado de perto, seu rosto é enérgico e aquilino, "com a ponte alta do nariz fino e narinas estranhamente arqueadas; a testa é alta e abobadada e o cabelo é escasso nas têmporas, mas abundante no resto da cabeça".

As sobrancelhas do mestre eram tão grossas que quase se uniam e, embaixo do bigode, a boca tinha uma linha cruel, com dentes afilados e brancos que se sobressaíam sobre os lábios, cujo rubor mostrava uma vitalidade imprópria a um homem de sua idade. O aspecto geral era de uma palidez extrema.

A combinação de elegância e crueldade é brilhantemente apresentada por Stoker na descrição que faz das mãos do Drácula:

Eu já tinha reparado nas costas das mãos dele, apoiadas em seus joelhos, à luz da lareira, e elas me haviam causado a impressão de ser muito brancas e delicadas; vendo-as agora de perto, porém, não pude deixar de notar que eram na verdade grosseiras — largas, com dedos curtos. Por mais estranho que pareça, havia pelo nas palmas. As unhas eram compridas e delgadas, com extremidades pontiagudas. Quando o conde se curvou em minha direção e suas mãos me tocaram, não pude evitar um calafrio.

Naturalmente, o hálito era fétido, algo que certamente devia ser bastante comum numa época em que o asseio não tinha muita importância. Mais significativo pode ser o fato de que a mera proximidade do Drácula quase causou um desmaio em Harper.

Desde que Stoker escreveu seu famoso romance, o conde Drácula já foi revivido centenas de vezes, e são muitos que, na atualidade, adorariam acreditar que o mais monstruoso dos vampiros continua vagando pelas montanhas sombrias e silenciosas da Romênia, sobrevivendo a todas as tentativas de destruí-lo, pai de todos os monstros, o magnífico hipnotizador, fabuloso cavaleiro e mais cruel de todos os assassinos. Se ele de fato existe, o mundo sem dúvida é um lugar perigoso para se viver.

A combinação de elegância e crueldade das mãos do Drácula é descrita de modo brilhante na obra de Bram Stoker.

s: sed destructâ essentiâ annihilatur ens, ergo sicuti
ullâ vi creatâ anima potest annihilari, ita nec spolia
trinsecâ activitate. Neque b) *in actu secundo*. Nam
s cogitandi et volendi ab omni actione impediri poss
beret vel *impedimentum aliquod poni*, vel *tolli omne o
tum cogitabile vel appetibile*: atqui neutrum à vi crea
ri potest. *Non tolli omne objectum*, nam anima est si
sa objectum intimè præsens, potest itaque se suasq
utationes et affectiones percipere, et ex iis median
câ τοῦ *esse simpliciter*, ratiocinando ad suam continge
m, atque hinc ad entis necessarii existentiam et vari
is perfectiones pervenire: ergo..... *Non poni impedime*
, id enim deberet poni inter animam et objectum
od tendit: sed inter animam et animam, quæ sibi ip
est esse objectum in quod tendat, nihil interponi p
; ergo.....

O........ES.

7. OBJ. 1.°   corpore non pote
tere. Nam anima   ordinatur ad efficie
cum corpore su   letam; ergo destruc
pore, ex naturâ   et ipsam perire.
.   N. Assert.   anima ex naturâ s
inatur, id est,   inem habet ad et
dam cum cor   *mpletam homin*
Ant. Id est,   ecessariò semp
Esse conjun   *Non enim*

Capítulo 6

A biblioteca do vampiro

A casa dos horrores dos aristocratas

A biblioteca de qualquer vampiro que se preze contém muitos livros que ilustram a longa e riquíssima história da literatura sobre os mortos-vivos. Já mencionamos o mundo tenebroso do conde Drácula, de Lord Ruthven e de outros perigosos personagens. Alguns deles são produto da fantasia humana, enquanto outros existiram de verdade, como a condessa de Bathory.

A criação e constante difusão da crença humana nas lendas de vampiro têm sido alimentadas de maneira muito eficiente pela literatura. Quando o vampiro sofre qualquer tipo de crise de identidade, ele logo encontra consolo nas páginas de obras como *The Castle of Otranto*, escrito em 1764 por Horace Walpole, que iniciou um renascimento do romance gótico, em que os autores recorrem a todo tipo de estratagema, como drogas, dietas de proteínas e até "gás hilariante" para estimular a fantasia.

Um dos grupos mais famosos por trazer à tona o lado escuro da imaginação foi Lord Byron, Mary e Percy Shelley e o dr. Polidori, que dizem ter passado muitas noites, à luz de velas, na frente de uma grande lareira, numa vila próxima ao lago de Genebra, inventando histórias que seriam publicadas como *Frankenstein*, de Mary Shelley, e *O Vampiro*, de Polidori, no início do século XIX. Usava-se láudano para estimular estranhas fantasias e, uma vez mais, os sonhos eram o combustível da ficção.

Antes da sua obra clássica sobre o conde Drácula, o irlandês Bram Stoker só havia escrito um livro, *Duties of Clerks of Petty Session in Ireland* [As Obrigações dos Escrivães do Tribunal de Primeira Instância da Irlanda], um título difícil de associar, hoje em dia, ao autor da melhor história sobre vampiros jamais escrita. Em 1890, ele teve um pesadelo terrível, enquanto trabalhava na Irlanda como gerente de uma empresa, e o sucesso de Drácula mudou sua vida para sempre. Mas esse e outros trabalhos do mesmo período estavam muito longe de iniciar as tentativas mundiais de relatar as mais antigas lendas da humanidade.

Como veremos com mais detalhes no capítulo seguinte, sobre as origens obscuras do vampiro, a história iniciou-se com o próprio Adão, cuja esposa Lilit chupava sangue e devorava os filhos pequenos, e suas terríveis filhas, as Lilim, assombravam os padres em sonhos e geralmente eram um verdadeiro tormento para eles.

Nas culturas primitivas era costume derramar sangue humano como sacrifício aos deuses e à Mãe Terra; acreditava-se que esta não propiciaria uma boa colheita se não se praticassem rituais sazonais com o sacrifício de algum inocente.

As origens primitivas do folclore medieval sobre vampirismo (que já analisamos na primeira parte deste livro) basearam-se no horror do derramamento de sangue em sacrifícios e carnificinas verdadeiras, enquanto a literatura gótica e romântica sobre mortos-vivos, surgida durante os séculos XVIII e XIX, é uma versão mais erótica e aceitável. Nos contos folclóricos originais, vampiros, lobisomens e outras criaturas abomináveis saltam sobre suas vítimas, com a cara coberta de pelos e exalando um odor nauseabundo, e lhe abrem a garganta como um animal selvagem sobre a vítima convulsiva. Não há nenhum romantismo nem nada de agradável, intelectual ou minimamente humano nesse ataque, e provavelmente todo o pro-

Nos contos folclóricos originais, vampiros, lobisomens e outras criaturas abomináveis saltam sobre suas vítimas, com a cara coberta de pelos e exalando um odor nauseabundo, e lhe abrem a garganta como um animal selvagem sobre a vítima convulsiva.

Max Schreck é o vampiro conde Orlok em *Nosferatu*, filmado em 1921 pelo diretor expressionista alemão F.W. Murnau.

cesso durava apenas alguns segundos. Sem dúvida não tinham nada em comum com os romances de sucesso.

No romance gótico do século XIX, o vampiro se torna um homem alto, magro, bem vestido e com amplos conhecimentos de temas mundanos, acumulados ao longo de centenas de anos de viagens e em meio a pratos refinados (embora ele não coma nem beba), entretendo seus convidados com conversas intelectualizadas e seduzindo as suas vítimas do sexo feminino com olhares hipnóticos, gestos refinados e promessas de prazer sexual. O modo de matar passa da cavidade torácica para o pescoço, com implicações, bastante explícitas, de penetração sexual e submissão eterna. Em *Entrevista com o Vampiro*, Anne Rice transformou ainda mais a versão romântica do vampiro e a transporta para o século XX, impregnando-a com maravilhosos aromas de paixão, segredos infernais e os mais profundos e sombrios reinos da magia.

Assim, os vampiros vulgares de escritores como Tournefort, do final do século XVII, que se alimentam de animais, bebem grandes quantidades de álcool e exalam um fedor pestilento, transformam-se em sedutores de rosto pálido e bem barbeado, vestidos a rigor.

O vampiro aristocrático alcançou mais celebridade do que seus antepassados menos desejáveis, em parte, graças ao lorde mais famoso do século XIX, o poeta Lord Byron, que se destacou por sua fama tanto como escritor quanto como sedutor. Nas colunas sociais de Paris e Londres do século XIX, dizia-se que ele havia assassinado a amante e bebido seu sangue numa taça feita com seu crânio.

As histórias e boatos sobre Byron deram um impulso ainda maior à série de acontecimentos literários e amorosos que hoje em dia estariam nas capas das revistas de fofocas. O caso tórrido e tumultuado entre Lord Byron e Lady Caroline Lamb terminou em 1815, depois de muitas desavenças. Lady Caroline escreveu um romance gótico intitulado *Glenarvon* em que parodia de maneira bastante óbvia o ex-amante no personagem chamado Clarence de Ruthven, o Lord Glenarvon. O livro foi publicado na primavera de 1816.

No final desse mesmo ano, Polidori escreveu sua versão das febris atividades de Lord Byron em *O Vampiro*, cujo protagonista chama-se simplesmente "Lord Ruthven", de quem já tratamos. É óbvio que Polidori baseou-se diretamente no livro de Lady Lamb para criar o personagem Ruthven. No entanto, é preciso dizer algo mais sobre essa história completa de intriga aristocrática. O livro de Polidori permaneceu inédito durante três anos e depois foi publicado pelo mesmo editor do livro de Lady Lamb, que o publicou como se ele tivesse sido escrito por Byron. Lord Ruthven tornou-se uma espécie de Batman vampiresco, e o personagem foi retomado sob diversas formas por vários escritores famosos de toda a Europa, durante o resto do século XIX, até que se estabeleceu uma ligação direta entre o conceito de Byron e o vampiro aristocrático.

Tudo isso serviu para trazer à nossa vida atual a aristocrática e erótica criatura das trevas.

Nas páginas da literatura do mesmo período romântico, aparecem outros vampiros a que já fizemos referência. *Varney, the Vampire*, foi publicado em 1846 na forma de *penny dreadful*, um folhetim semanal barato, cujas histórias chegavam a ter centenas de páginas e foi muito criticado por seu conteúdo, em grande parte extraído diretamente de *O Vampiro*, da autoria de Polidori. A série também retoma uma das mais famosas cenas da história original de *Frankenstein*, de Mary Shelley, em que o monstro salta para dentro do Vesúvio.

Um dos aspectos de maior destaque de Drácula era sua sexualidade. Tanto por sua aterradora aristocracia como por seu caráter noturno, ele se tornou um dos personagens mais sexy da história da literatura de ficção.

O grupo formado por Lord Byron, Mary Shelley e Polidori, reunido numa vila próxima ao lago de Genebra, parece ser, em grande medida, responsável pela literatura de vampiros do final daquele século.

O livro de James Malcolm, porém, sobre Varney, não era um plágio, mas parte de uma cadeia de criatividade que contribuiu para dar vida ao mesmíssimo conde Drácula. Dentro das horríveis reviravoltas da história, aparece um certo conde húngaro que também é um vampiro, o primeiro da literatura inglesa de vampiros. *Sir* Francis Varney, o vampiro aristocrático do romance, não é exatamente um Drácula, embora muitas das características da história de Varney possam ser encontradas na obra magistral de Bram Stoker. Um dos aspectos mais importantes dessa reação em cadeia era a ideia de que um vampiro do sexo masculino podia hipnotizar uma vítima do sexo feminino e, portanto, criar uma relação tumultuosa de amor e ódio, e intercâmbio de sangue. Cabe observar que essa era outra encarnação dos valores patriarcais e sociais extremamente fortes do século XIX.

O Drácula literário

As fontes de Bram Stoker para escrever seu romance sobre Drácula procedem de fatos, ficção e pesadelos. Segundo os estudiosos modernos da literatura, realidade e ficção vão desde livros remotos de viagem, como *Untrodden Paths in Romania*, que contém abundante informação sobre o incrível Vlad Dracul, o Empalador, e *Midst The Wild Carpathians*, que examina, do ponto de vista ficcional, feitos demoníacos da vida na Hungria. O conde Azzo von Klatka, do qual já tratamos brevemente, proporciona talvez um vislumbre de alguns dos métodos usados por Drácula com suas desafortunadas vítimas, e também se diz que Stoker se inspirou no romance clássico de Wilkie Collins, *The Woman in White*. Drácula, no entanto, não é de maneira alguma uma derivação de outros personagens.

Em 1890, ano de seu terrível pesadelo, Stoker trabalhava como gerente da empresa de Henry Irving, um dos atores de teatro mais famosos da época. Christopher Frayling sugere, em seu livro *Vampyre*, que o comportamento

As fontes de Bram Stoker, considerado o escritor mais famoso do gênero, para escrever seu romance sobre Drácula procedem de fatos, ficção e pesadelos.

teatral do conde na obra de Stoker – capa e voz alta – pode ter sido baseado no de seu maestro na vida real. Essa caracterização teatral era só uma pequena peça do quebra-cabeça que deu origem ao inimitável conde. Como já vimos, quase todas as suas outras características baseiam-se nas "atividades" do príncipe húngaro descendente de Átila, o Uno. O conde, no entanto, vivia na Transilvânia e não na Hungria; era conde, não príncipe; e é inconcebível que Drácula matasse as suas vítimas de maneira tão sanguinária como Vlad, o Empalador.

Essa extraordinária combinação de realidade e horror imaginário é, entretanto, outro aspecto que possivelmente se deve a outra fonte. Stoker sofria uma das mais desagradáveis doenças da época, a sífilis.

No século XIX, a sífilis era o que na atualidade seria a AIDs e, na Idade Média, foi a peste bubônica. Era incurável e quem padecia dela tinha uma morte terrível. Stoker, que estava na terceira fase da sífilis, teve acesso à única condição humana que se parece realmente com o vampirismo, a sífilis congênita.

O extraordinário universo criado por Stoker em seu romance foi representado com maestria no filme *Drácula de Bram Stoker*, de Francis Ford Coppola.

Uma criança com sífilis congênita nasce com algumas disfunções horríveis, muitas delas parecidas com as descrições antigas do vampirismo e que bem podiam ter servido a Stoker como uma fonte genuína sobre os "rumores" que cercam os mortos-vivos.

O bebê pode nascer com todos os dentes da frente como se fossem incisivos (chamados dentes de Hutchinson), pontiagudos e alinhados no maxilar inferior e superior, exatamente como os vampiros tradicionais. Os olhos são pálidos e com olheiras. O resultado é a fotofobia, ou seja, a visão é possível apenas na escuridão. O palato é deformado, de modo que só é possível ingerir líquidos, e a ponte do nariz, partida. Os bebês que nascem com sífilis congênita também provocam rachaduras na pele do peito da mãe.

Essa horrível doença se assemelha de tal modo ao vampirismo que pode muito bem ter sido a base das lendas de vampiro surgidas ao longo dos séculos. No caso de Bram Stoker, podemos supor com segurança que o escritor conhecia muito bem a sífilis devido a sua relação "íntima" com a enfermidade.

Em comparação a esses desagradáveis transtornos, outra faceta destacada do conde Drácula era a sua sexualidade. O terrível aristocrata dos bosques sombrios e das noites sanguinárias era uma das criaturas mais lascivas da literatura gótica de ficção. Provavelmente o conjunto de combinações mais estranhas que qualquer leitor pode esperar encontrar, o Drácula criado por Bram Stoker tinha partes de animais, de lorde de sangue azul, de assassino serial, de aberração genética, de ser imortal e de um amante sedutor e impetuoso. À medida que Stoker elaborava o lado escuro de seu sonho, originado talvez dos reinos mais profundos da sua própria e estranha vida, o quebra-cabeça da personalidade de Drácula tomava o seu aspecto final, com a clara inferência do domínio sexual sobre suas infelizes vítimas (embora Stoker talvez achasse que eram felizes).

Toda mulher que foi amante do Drácula, como Lucy Westenra, tornou-se imortal, de uma beleza estonteante, uma juventude eterna e muito mais atraente do que antes de o vampiro sanguinário ter cometido seu cruel ato. Como em tudo o que é "vitoriano", Stoker não fez nenhuma menção direta às relações sexuais que o vampiro mantinha com suas vítimas, mas as descrições que mencionavam a sucção do sangue por meio da penetração profunda dos incisivos dizem tudo sobre atividades simultâneas mais prazerosas.

O vampiro de Polidori

As sinistras atividades do Lord Ruthven, de *O Vampiro* do dr. John Polidori, são ainda mais relevantes (embora menos conhecidas) do que as de *Drácula* de Bram Stoker.

John Polidori nasceu numa família italiana imigrante, que morava no Soho, um bairro da região central de Londres. Seu pai era tradutor literário de considerável fama e talento, e John foi cedo para a universidade, estudar medicina. Na verdade, ele foi um dos mais jovens estudantes da época a se formar, uma vez que recebeu seu diploma aos 19 anos, em 1815. Pouco depois de deixar a Edinburgh University, tornou-se médico de Lord Byron, o temperamental e aristocrático poeta junto ao qual viveu um semestre tumultuado. No verão de 1817, John abandonou a sua missão e voltou para Londres, para escrever sobre as suas experiências na forma da vida de Lord Ruthven.

A história se baseia claramente no período de tempo que ele passou com Byron, enriquecida com um certo "sabor" e uma raiva considerável, pois Byron não era uma pessoa para quem se trabalhava com alegria.

Polidori não tinha a intenção de publicar o seu conto e começou a escrever um romance intitulado *Ernestus Berchtold*, que desapareceu sem deixar rastro. Em 1820, demonstrou claramente que sofria de graves transtornos mentais e, em agosto de 1821, aos 25 anos de idade, veio a falecer. Acredita-se que tenha se suicidado com ácido prússico, embora houvesse indícios de que não era bem esse o caso.

A essa breve e trágica existência veio somar-se o comportamento dos editores de Lord Byron e, posteriormente, da sociedade literária de Paris. O conto *O Vampiro* foi publicado em 1819 como se fosse da autoria de Byron (embora este não soubesse que era ele o suposto autor, nem mesmo depois da publicação) e alcançou um grande êxito em Paris.

O sucesso literário fez com que o público atribuísse a obra de fato a Lord Byron e considerasse que ninguém mais poderia tê-la escrito, ignorando Polidori completamente. Publicou-se um longo romance (fevereiro de 1920, *Lord Ruthven or Les Vampires*, dedicado a Lord Byron) do tipo "romance baseado em filme" e surgiram nada menos que três peças teatrais, estreadas simultaneamente em três salas de Paris – *Le Vampire*, encenada no teatro Porte-Saint-Martin; *Le Vampire*, encenada no teatro Vaudeville; e *Les Trois Vampires*, encenada no teatro Variétés –, todas elas baseadas na história da vida de Ruthven. É muito possível que tudo isso, ocorrendo pelas costas do pobre Polidori, tenha bastado para levá-lo a tomar o ácido prússico e a uma morte precoce. Os direitos autorais por haver escrito a história original e pagos retrospectivamente pelos editores fraudulentos foram de cinquenta dólares, aproximadamente. Hoje em dia, essas ações fraudulentas seriam motivo para uma indenização milionária.

A obra de Polidori pode ser considerada a contribuição individual mais importante ao culto do vampiro aristocrático, erótico e monstruoso, que prosseguiu até o final do século XIX e continua sendo uma das bases da fic-

A BIBLIOTECA DO VAMPIRO · 157

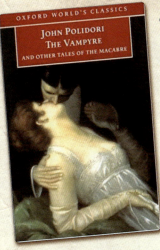

Os direitos autorais por haver escrito a história original e pagos retrospectivamente pelos editores fraudulentos foram de cinquenta dólares, aproximadamente.

ção romântica e de terror gótico de hoje. Inclusive as obras de Anne Rice e Stephen King, escritores contemporâneos de romances de terror, devem muito ao desafortunado dr. Polidori.

No entanto, o terrível espectro da morte evocado pelos escritores do século XIX tem pouca ou nenhuma relação com o vampiro "de verdade". Na realidade, se analisarmos a etimologia da palavra "vampiro", veremos que a raiz comum, na maioria das línguas mediterrâneas, é formada por *vam*, que significa "sangue", e *pir*, que significa "monstro", e esse monstro sanguinário não era, em hipótese alguma, aristocrático, sexy, culto ou imortal, mas simplesmente muito, mas muito repugnante.

Capítulo 7

Origens apavorantes

N o capítulo anterior, analisamos como a humanidade imaginou seus vampiros favoritos nos últimos séculos. A imagem persistente do poderoso, elegante e, no entanto, animalesco vampiro continua viva, embora os relatos sobre os seus ancestrais mais distantes sejam muito diferentes.

Nas páginas mais sombrias sobre o maligno sobrenatural, não existe tradição mais terrível do que a do vampiro, um pária até entre os demônios. Sórdidos são os seus estragos e bárbaros, os métodos tradicionais, comumente aceitos, que devia utilizar o povo para livrar-se dessa praga hedionda. Até mesmo na atualidade, em algumas regiões do mundo e em lugares remotos da Europa, como a Transilvânia, a Eslovênia e as ilhas e montanhas da Grécia, o camponês toma a justiça nas próprias mãos para destruir completamente esse ser imundo que, segundo se crê firmemente, surge ao anoitecer do seu túmulo profano para disseminar o vampirismo pelos campos. Na Antiguidade, os assírios já se referiam aos vampiros, que espreitavam nos bosques primevos do México antes da chegada de Cortez. Eles são temidos pelos chineses, pelos indianos e pelos malaios, igualmente; e os contos árabes mencionam reiteradamente os demônios necrófagos que assaltam mal-fadadas sepulturas e encruzilhadas solitárias, para atacar e devorar os viajantes desafortunados.

Esse parágrafo introdutório dá início ao livro de Montague Summers, intitulado *The Vampire – His Kith and Kin* (publicado em Londres, em 1928, pela editora Kegan Paul, Trench, Trubner and Co., Ltd), e consiste num perfeito resumo das origens apavorantes dos mortos-vivos. Assim, esteja preparado para adentrar agora no mais autêntico e tenebroso reino; no beco mais escorregadio, viscoso e banhado em sangue de todas as lendárias encruzilhadas que já conheceu a humanidade.

A natureza do vampiro

Um dos primeiros debates sobre o mito do vampiro está relacionado com as tentativas de se definir com exatidão a sua natureza. Essa definição foi algo de grande importância tanto na Europa medieval quanto no princípio deste século, quando se publicou o livro de Montague Summers. Em ambas as épocas, utilizou-se a razão como método idôneo para se compensar a irracionalidade do demônio. Em outras palavras, se algo podia ser definido, talvez pudesse ser controlado.

A primeira questão era saber se seria possível considerar o vampiro um anjo caído. A resposta imediata era "não", muito embora os anjos caídos em geral pudessem estar entre eles, como o intrépido "Nick", o demônio encarnado, pois os anjos não tinham uma natureza corpórea. Os vampiros têm corpo sólido. Portanto, os anjos foram libertados pelo menos desse pavoroso destino.

Talvez se pudesse considerar o vampiro como um demônio disfarçado. Para decidir se essa "vestimenta" potencialmente inumana é adequada ao menosprezado "morto-vivo", devemos nos perguntar quais são as características do demônio. Os demônios são conhecidos por entrar no corpo dos vivos e se apoderar deles, mas os demônios não têm corpo próprio. Eles são, por assim dizer, uma espécie de "ação de despejo", com tendência a converte-se em ocupação. Mas poderíamos dizer o mesmo do vampiro, pois a possessão vampírica ocorre, ou assim nos levam a crer, depois que o espírito do morto retornou e passou a residir no seu próprio corpo outra vez ou em outro desa-

Pode-se considerar o vampiro um anjo caído?

fortunado. No entanto, existe uma diferença. O demônio pode entrar e sair, enquanto o vampiro permanece dentro do corpo que ocupa. Portanto, os demônios podem ficar tranquilos, pois essa sina não lhes diz respeito. De qualquer modo, é preciso dizer que os demônios e os vampiros têm muito em comum e sem dúvida podem rir juntos em silêncio, em meio a estradas rurais nevoentas, supostamente conversando sobre assuntos de luxúria e horror.

Então, o que dizer de fantasmas e outros espectros? Existe uma possibilidade de que eles compartilhem o mesmo caixão empoeirado dos vampiros? A resposta é "não", uma vez que os fantasmas também são "incorpóreos". O fato é que o vampiro tem um corpo, o seu próprio corpo. E pode, inclusive, se sentir orgulhoso dele, como era (ou é?) o caso de Lord Ruthven. Esse corpo, porém, não está vivo nem morto. Vive na morte, quase como se o vampiro houvesse cruzado o seu limiar e levado o corpo com ele.

Depois de chegarem a essa conclusão, escritores e especialistas em mitos estabeleceram, às vezes por meio de intrincadas estimativas, como examinar a condição dos mortos-vivos. Se a morte era considerada pelos seres vivos como um lugar de repouso e, segundo se aceitava, os vampiros continuavam vivendo depois da morte, então o destino dos vampiros não era realmente agradável. Nos círculos teosóficos, particularmente, o poder da razão foi solapado pelo dogma, e os debates tendiam a ser acalorados e repletos de fanatismo. Supunha-se que, em qualquer circunstância, era preciso aceitar que uma vida imortal não era algo desejável, pois assim estabelecia a Igreja. Pela mesma razão, um interesse excessivo por relações sexuais também era considerado impróprio pela mesma razão, e a capacidade dos vampiros para subjugar e em geral dominar os seres humanos normais não era realmente boa coisa, muito embora a Igreja medieval estivesse torturando e aterrorizando todos que estavam ao seu alcance, na Europa inteira. Deus podia se permitir tal atitude, mas ninguém mais.

Os vampiros, portanto, propiciaram uma imagem especular dos piores temores das pessoas piedosas. Os vampiros eram perigosos, sexualmente lascivos, imensamente poderosos, absolutamente indiferentes à dignidade humana e à preservação da alma, e por fim... estavam mortos. Foi precisamente esse último aspecto da sua natureza que os tornou mais fascinantes para os criadores de lendas. Os vampiros tinham superado o maior estigma da vida, esse lugar tenebroso sobre o qual nada se pode explicar, e, portanto, só havia uma conclusão possível: tinham que ser muito infelizes.

Foi preciso esperar até o romantismo gótico dos tempos de Byron para que alguns poucos escritores mais imaginativos decidissem que talvez o vampirismo fosse uma condição desejável, e que, levando em conta o poder persistente da Igreja, o prazer da paixão sexual imortal devia ser destruído cravando-se uma estaca no coração do vampiro. Não se podia permitir que alguém como Lord Ruthven sobrevivesse, pois ele podia acabar persuadindo muitas pessoas de que não havia nada errado em ser um vampiro.

Portanto, se nos embrenharmos nas origens tenebrosas da história dos vampiros, teremos de encarar de frente o fenômeno da morte.

Morte e sangue

Se levarmos em conta que o ser humano expressa medo ao cometer más ações por meio do sentimento de culpa, podemos compreender por que o homem primitivo podia interpretar que sua capacidade de matar se tornava o medo de que aqueles a quem tivesse tirado a vida pudessem voltar para assombrá-lo. Se eu esquartejo um animal, posso ter receio de que ele, depois de morto, vingue-se de mim de algum modo. Afinal de contas, a vida é o bem mais precioso. Ou pior, se eu mato um ser humano, é muito provável que a alma do morto se vingue de mim chupando o meu sangue, a seiva da minha existência.

Portanto, é fácil encontrar referências às origens dos vampiros nos primórdios da humanidade, quando o ser humano tentava compreender o sentido da vida e da morte. Ao longo de sua vida, o homem primitivo observava ao seu redor as ações de seus familiares e amigos. Em algum momento, ele via alguém do seu grupo de repente caindo no chão e parando de se mover. O corpo ficava estático. Mas como a vida podia chegar ao fim de maneira tão

A magia ritual e a religião estão intimamente ligadas, sempre com o demônio por trás de tudo, com as suas travessuras sombrias e maldosas.
A sua presença é uma espécie de lembrança de que existiam limites que a humanidade não podia ultrapassar.

repentina? Algo deveria substituir o corpo e continuar a viver num lugar não visível. Dessa maneira nasceu a alma invisível e sagrada, em algum lugar depois da vida, porque a vida era uma árdua desventura; portanto, por contraste, o que vinha depois devia ser bom e fácil: o céu.

Mesmo assim, algo que podia ir para o céu, deveria também ter a opção de ir para o inferno, e no inferno está tudo aquilo que a humanidade considera não merecedor de suas fantasias, ideias que ele não ousa conceber, frutos proibidos. Ali se encontra também a semente do vampiro, sepultada na terra profana em meio a toda a imundície da morte anônima.

As tribos antigas cultuavam os mortos tanto quanto os deuses, e os reis eram especialmente reverenciados. Na realidade, a humanidade ainda tem essa tendência, pois continuamos venerando, hoje em dia, reis, presidentes, inclusive primeiros-ministros, por meio do estudo da história e de monumentos e estátuas. Também cultuamos os mortos para que descansem em paz. E é por isso que o mito do vampiro ainda continua vivo. Continuamos respeitando o que acontece depois da morte, talvez até mais do que respeitamos o que acontece durante a vida.

Quantos deuses foram cultuados com sacrifícios sangrentos? Para que a terra continuasse assegurando colheitas abundantes, o sangue da humanidade devia ser espalhado pelos campos. A Mãe Terra transformada em vampira.

Entre as tribos africanas, os ovambos, que ocupam as regiões bantas da África ocidental, cortam a cabeça e os membros do morto para limitar o número de espíritos que voltam ao mundo dos vivos. Eles acreditam que seja necessário um cuidadoso controle da população de espíritos, caso contrário pode haver consequências negativas. Essa pode ser uma das primeiras ideias religiosas incorporadas à lenda moderna dos vampiros. Um dos poucos métodos infalíveis para acabar com um vampiro é cortar sua cabeça e seus membros. Dessa maneira o espírito não pode "sair" e causar danos.

A tribo dos caffres acredita que seus mortos podem voltar e rejuvenescer bebendo sangue humano. Os caffres se assustam com sangue humano derramado e se apressam para cobrir uma simples gota que caia no chão, mesmo que ela proceda de uma simples hemorragia nasal ou um corte na mão. O espírito maligno pode, afinal de contas, aproveitar essa única gota e reencarnar como um mal hediondo.

ORIGENS APAVORANTES · 167

As tribos aborígines australianas conhecem as propriedades revigorantes do consumo de sangue para o ser humano.

Em quase todas as culturas do mundo, o sangue foi a verdadeira base da superstição e da magia.

Porque a vida da carne está no sangue: por isso digo a todos os filhos de Israel: não comais o sangue de nenhuma carne, porque a vida da carne está no sangue e qualquer um que comê-la perecerá.

Todos os animais deveriam ser sangrados antes de servir de alimento, e só as piores práticas do culto da magia negra utilizam o sangue das criaturas sacrificadas em seus rituais.

Tudo, porém, tem o seu contrário. As tribos aborígines australianas conhecem as propriedades revigorantes do consumo de sangue para os seres vivos e dão pouca importância aos mortos, pois acreditam que a morte é meramente uma etapa a mais no caminho. Como parte de seus rituais fúnebres, eles esfolam o corpo da pessoa falecida logo depois da morte, para que o sangue se derrame pelo chão. A crença é de que o sangue ajudará a alma a cumprir a etapa seguinte da viagem.

Denominações do vampiro

No final do capítulo anterior, fizemos uma breve referência à origem da palavra "vampiro". Como já mencionamos, em muitas línguas mediterrâneas, a raiz desse termo significa "monstro sanguinário". Em quase todas as outras línguas, como as que pertencem aos territórios mais próximos da pátria do Drácula, existem significados semelhantes. A referência mais antiga a essa palavra surgiu na Eslovênia, na forma magiar *vampir*, que é semelhante em russo, polonês, tcheco, sérvio e búlgaro, com mínimas variações apenas: *vapir, vepir, vopyr, upier*. Na derivação lituana, existe uma variante curiosa da ideia do vampiro não como um monstro sanguinário, mas como alguém embriagado de sangue. A palavra que dá origem à ideia de vampiro é uma mistura de *wempti*, que significa "beber", e *wampiti*, que significa "grunhir" ou "resmungar" e se pronuncia com uma entonação semelhante ao de "embriagado". Na Croácia, o termo utilizado para designar o vampiro é *pijauica*, que significa alguém com o rosto corado devido aos efeitos do álcool. Na Albânia, o nome "vampiro" significa "morto irrequieto", e na Grécia e nos territórios próximos não existe uma palavra para designar o vampiro. Em outras línguas europeias, essa criatura recebeu nomes relativamente parecidos: *vampyr* em dinamarquês e sueco, *vampir* em alemão, *le vampire* em francês, *vampiro* em italiano, espanhol e português, e *vampyrus* em latim moderno. A maioria dos dicionários define a palavra "vampiro" como:

> *Espectro ou ser sobrenatural de natureza maligna (às vezes na forma de um cadáver com vida) que, segundo a crença popular, alimenta-se e causa dano chupando o sangue de pessoas adormecidas. Um homem ou mulher que cultiva hábitos semelhantes.*

A linhagem dos vampiros

Nós nos referimos à Idade Média como a "Idade das Trevas" justamente porque esses tempos foram de fato tenebrosos. Todos os registros da civilização romana foram destruídos no final do Império, e por mais de quatro séculos a Europa pareceu ter mergulhado num mundo de obscurantismo e caos.

Muitas das mais antigas tradições que remontavam aos tempos dos babilônios e assírios foram cultivadas durante esse período, à medida que a magia adquiria contornos cada vez mais sombrios, as bruxas se tornavam mais poderosas e os monstros apareciam em todas as partes. Existiam, inclusive, descrições detalhadas das condições em que os mortos podiam ressuscitar.

Se tu és um fantasma insepulto,
Ou um fantasma que não se preocupa com nada,
Ou um fantasma sem ninguém para lhe fazer libações,
Ou um fantasma que não desejou prosperidade,

Ou:
Aquele que jaz numa vala,
Que não foi coberto por uma lápide,
Que apodrece ao relento,
Cuja cabeça não está coberta de terra.
O filho do rei que jaz no deserto,
Ou nas ruínas,
O herói assassinado com a espada,

Ou:
Aquele que morreu de fome na prisão,
Aquele que morreu de sede na prisão,
O faminto que, em sua avidez, não sentiu o aroma da comida,
Aquele que na margem de um rio desejou perecer,
Aquele que morreu no deserto ou num pântano,
Aquele que uma tempestade subjugou no deserto,
Uma mulher que não tem marido, um homem que não tem esposa,
Aquele que tem prosperidade e aquele que nada possui.

Era realmente difícil não ser vampiro naquela época!

Em termos gerais, é muito fácil traçar a linhagem dos vampiros. Se um dia existiu um vampiro que tenha vivido durante todo o período histórico da tradição vampiresca, este terá mais ou menos uns 300 anos na atualidade. De acordo com os registros, os povos que viveram durante os impérios bizantino e assírio foram os primeiros que tiveram de afrontar espíritos malignos e mortos-vivos.

As mesmas tradições do "Ekimmu", os persistentes andarilhos das antigas civilizações, sobreviveram até a Idade das Trevas e mais ainda no leste da Europa, onde, segundo dizem, ainda podem ser encontrados em países como a Romênia e a Transilvânia. Diversos tipos de monstros que aparecem durante a noite violando, chupando sangue e, por fim, assassinando as suas vítimas, até mesmo hoje, no início do século XXI, ainda estão presentes na sociedade norte-americana, embora quase não haja referências aos vampiros na história antiga do país. O vampiro moderno é representado pelo assassino em série, que seduz vítimas inocentes em seus lares, humilha-as de um modo ou de outro, assassina-as e depois devora os seus corpos. Na realidade, o vampirismo mudou muito pouco nos últimos três mil anos. A única diferença de verdade é a maneira pela qual as várias culturas enfrentam o vampiro e seus amigos.

Na antiga Assíria usavam-se encantamentos contra qualquer espírito diabólico que tivesse encarnado e se aproveitasse da carne humana.

O "Ekimmu" saiu dos infernos quando sentiu fome e sede e não recebeu mais oferendas e sacrifícios em sua sepultura, passando então a se alimentar de carne e sangue humano. O mesmo sistema de crenças existe na antiga mitologia chinesa, principalmente entre os budistas. Aqui encontramos uma das origens da ideia de que os vampiros só podem sobreviver à noite. Acredita-se que o seu domínio comece quando o Sol se põe e acabe quando despontam os primeiros raios solares pela manhã, que conduzem o vampiro novamente à sua sepultura. O verdadeiro início dessa superstição foi, evidentemente, o próprio deus Sol, que tinha poder sobre todas as atividades terrenas, entre elas a capacidade de apagar o fogo doméstico, fazer com que os guarda-chuvas trouxessem azar e muitas outras capacidades hoje esquecidas. (A antiga superstição de não abrir guarda-chuvas dentro de casa deve-se ao fato de eles serem usados originalmente pelos padres só como sombrinha, para proteção contra o sol. Abrir um guarda-chuva dentro de casa era insultar o poder do sol.)

De todas as manifestações de pavor conhecidas ao longo da linhagem dos mortos-vivos, uma das mais terríveis era a relacionada à natureza epidêmica do ataque dos vampiros. Se estes sugassem sangue suficiente da vítima, ela se tornava um vampiro também.

A peste bubônica, conhecida como "a peste negra", assolou a Europa, depois de vir do Extremo Oriente, em diversos períodos catastróficos da história medieval e transformou-se numa espécie de regulador do crescimento populacional. Ela chegava a uma zona rural como um vendaval escuro e nocivo, matava milhares de infelizes em questão de semanas e depois desaparecia. Foi o mal mais temido da época e nada parecia capaz de contê-lo. Conta-se que durante o século XIV, a peste chegou a matar em torno de um terço da população mundial e acreditava-se que ela podia acabar com toda a humanidade antes de desaparecer. Com esse condicionamento profundamente arraigado, a ideia de pestilência e epidemia era forte na mente medieval, e a criação da lenda do vampiro baseou-se nele em pelo menos uma das suas características.

É interessante notar que muitas das características originais do vampirismo tradicional parece terem surgido na China (assim como na Assíria) – coincidentemente, a mesma origem da primeira peste bubônica.

Oriente

No conto popular indiano intitulado *Vikram e o Vampiro*, o monstro se chama Baital-Pachisi e tem origem hindu. De acordo com a história, o herói Raja encontra a criatura de cabeça para baixo, num estilo muito indiano, debaixo do galho de uma árvore. A cena se sucede da seguinte maneira:

Ele estava pendurado de cabeça para baixo num galho de altura um pouco superior à dele. Seus olhos arregalados eram de uma cor castanho-esverdeada e nunca piscavam; o cabelo também era castanho, assim como o rosto, com várias tonalidades que se sucediam umas às outras de modo desagradável, como se fosse um coco. Seu corpo era descarnado e ossudo, parecido com um esqueleto ou uma armação de bambu; enquanto se mantinha pendurado pelas pontas dos dedos, como uma raposa-voadora, seus músculos protuberantes pareciam tensos como as cordas de um arco. Aparentemente, não tinha sangue, pois se tivesse esse líquido tão especial ele teria se acumu-

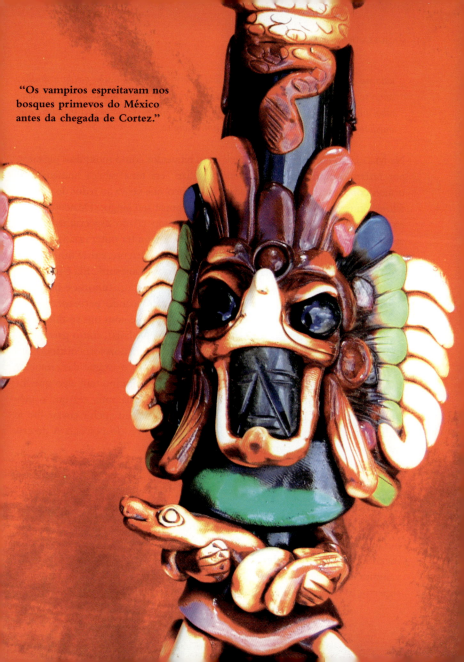

"Os vampiros espreitavam nos bosques primevos do México antes da chegada de Cortez."

lado na cabeça; e quando Raja tocou sua pele, teve uma sensação gélida e úmida, como se tocasse uma cobra. O único sinal de vida era o movimento do seu pequeno rabo, que parecia o de um bode. A julgar por esses sinais, o valoroso rei reconheceu de imediato a criatura como sendo Baital, um vampiro.

Na Malásia, ao contrário, os vampiros eram retratados como mosquitos gigantes, por razões compreensíveis. O "pennanggallan" era uma cabeça humana sem tronco, com as vísceras dependuradas no pescoço, que voava ao redor de suas infelizes vítimas, principalmente crianças, para chupar seu sangue. De acordo com essa descrição, pode-se pensar que ele tenha sido criado especialmente para assustar as crianças que não se comportavam bem, sem ter outra razão de ser.

Entre os incontáveis mitos criativos do Extremo Oriente, existe um que nos oferece uma versão feminina do vampiro chamada "Langsuir". Ela é representada por uma mulher bela, que deu à luz uma criança natimorta e ficou tão desesperada que assumiu a forma vampiresca e saiu voando, permanecendo o resto da vida empoleirada nas árvores. Aparece sempre com um vestido verde e tem unhas muito longas (um sinal de beleza na Malásia), como garras. Seu cabelo é negro como azeviche e chega quase aos tornozelos, cobrindo um furo na parte posterior do pescoço, por onde ela suga o sangue das crianças.

A descrição que conhecemos desse vampirismo feminino tem algo que indica um certo menosprezo pela fonte original da lenda, uma vez que o método aconselhado pelo autor para enfrentar o Langsuir inclui cortar-lhe as unhas e o cabelo, para preencher com ele o furo atrás do pescoço. A descrição desses métodos é concluída com a seguinte frase:

Uma vez feito isso, a mulher vampira ficará quieta e submissa, como se fosse uma mulher normal...

O furo na parte de trás do pescoço pode proceder simplesmente de uma ilusão de ótica, e a necessidade de cortar-lhe as unhas até a raiz pode ser uma metáfora do hábito insubmisso da mulher de complicar a vida do autor. A vampira deriva dessa fonte masculina sexista, e a versão posterior europeia da superstição reforça esse enfoque num formato semelhante:

No conto popular indiano intitulado *Vikram e o Vampiro*, o monstro se chama Baital-Pachisi e tem origem hindu.

De acordo com a crença popular, se uma mulher morre durante o parto, antes ou depois do nascimento da criança, e antes que se passem os quarenta dias até a nova menstruação, ela se tornará uma "langsuyar", um demônio voador da natureza da "dama branca" ou do "banshee". Para evitar isso, colocam-se contas de cristal na boca do cadáver e um ovo de galinha embaixo de cada axila, e se cravam agulhas nas palmas da mão. Acredita-se que isso impeça a mulher morta de transformar-se numa "langsuyar", pois ela não poderá abrir a boca para gritar, agitar os braços como asas ou abrir e fechar as mãos para levantar voo.

Na tradição da Polinésia, encontra-se o "tu" ou "talamaur", que devora pedaços das vítimas e se transforma numa espécie de "amigo" ou familiar. Seu hábito favorito é comer carne de pessoas recém-falecidas para absorver a vitalidade final do corpo.

Por fim, talvez a fonte mais convincente da existência tenebrosa da lenda do vampiro esteja na região do Caribe, onde a tradição do vampirismo procede dos territórios africanos pertencentes ao que no início do século XX conhecia-se como Guinea e o Congo, e foi mantida pelos escravos africanos. Na ilha de Granada, o vampiro é conhecido pelo nome de "Loogaroo" e parece que essa desagradável criatura é um híbrido de algumas superstições dos colonos franceses e do vodu africano, que ele tratava de destruir. Os "loogaroos" são seres humanos, geralmente do sexo feminino, que fizeram um pacto com o diabo, do qual receberam poderes mágicos, com a condição de darem em troca sangue quente e fresco toda noite ao seu mestre. A única maneira de proteger a casa do ataque desses monstros é espalhar arroz e areia na entrada. O "loogaroo" não pode entrar na casa antes de contar cada grão e, portanto, ficará ali até de manhã, quando a luz do sol o obrigará a retirar-se rapidamente.

Capítulo 8

Como matar um vampiro

Eu me pergunto, como se pode matar o medo? Como se pode alvejar o coração de um espectro, cortar sua cabeça fantasmagórica, apertar sua garganta espectral? Isso é algo que a pessoa faz enquanto dorme, e se alegra ao escapar com os cabelos úmidos de suor e o corpo trêmulo. A bala não partiu, a espada não foi forjada, o homem não nasceu; até mesmo as palavras aladas da verdade caem aos seus pés como chumbo. Para afrontar tão desesperado encontro é preciso uma estaca encantada e embebida em veneno, impregnada de uma mentira sutil demais para pertencer a este mundo. Uma aventura digna de um sonho, meu senhor!

Como, de fato, vamos matar o nosso vampiro ao encontrá-lo se nem estamos certos de que ele não seja uma visão, um sonho, um pesadelo ou o vislumbre de uma realidade sutil demais para pertencer a este mundo...?

Ao longo dos séculos, os camponeses engendraram diferentes métodos para impedir que os cadáveres se convertam em vampiros e alguns dos quais mencionamos anteriormente. Dependendo da região, eles são praticados muitas vezes de modo contraditório e comprovados uma vez ou outra. Mas, graças a todas as mortes que têm causado ao monstro, algumas vidas puderam ser poupadas.

Quando todo o resto falha, é preciso matar o vampiro. A seguir apresentaremos os métodos de eficácia comprovada para erradicar o mal, de modo que ele não possa tirar mais nenhuma vida. Tanto para prevenir quanto para preparar a ação final, precisamos seguir fielmente uma série de passos. É preciso lembrar que estamos lidando com forças sobrenaturais e temos, portanto, que transpor simbolicamente os limites da experiência humana e nos imbuir de propriedades mágicas para ter êxito nessa tarefa. Se os vampiros são criaturas que, como será provado, habitam a semiexistência, então temos que atacar no mesmo domínio e lembrar que "A bala não partiu, a espada não foi forjada, o homem não nasceu". Sabemos, no entanto, que os vampiros têm sido executados ou, melhor dizendo, têm merecido finalmente o direito de "descansar em paz", embora acredite-se que a alma do vampiro viva em estado delirante, incapaz de se libertar da amarra mortal que identifica a nossa própria existência. Assim, a condição de vampiro é repugnante e tortuosa para o próprio vampiro. Portanto, que melhor serviço prestar à criatura do que libertar a sua alma?

Como impedir o regresso dos mortos

Existem numerosos e variados métodos para afugentar o diabo e impedir que os cadáveres se transformem em vampiros. Entre eles está a mutilação do cadáver, o controle físico, certos rituais fúnebres curiosos e até artimanhas para enganar o mundo dos espíritos.

Uma das práticas mais utilizadas, cujas origens remontam a épocas antigas dos povos primitivos, é colocar objetos no túmulo. Acredita-se que o propósito dessa prática fosse contentar o cadáver, para impedir que ele voltasse e afugentar qualquer força maligna que ousasse interferir.

As cordas que prendiam os membros do cadáver quase nunca eram atadas com nós, pois acreditava-se que a presença dos nós no túmulo dificultasse a transição do morto para o outro mundo.

182 · MANUELA DUNN-MASCETTI

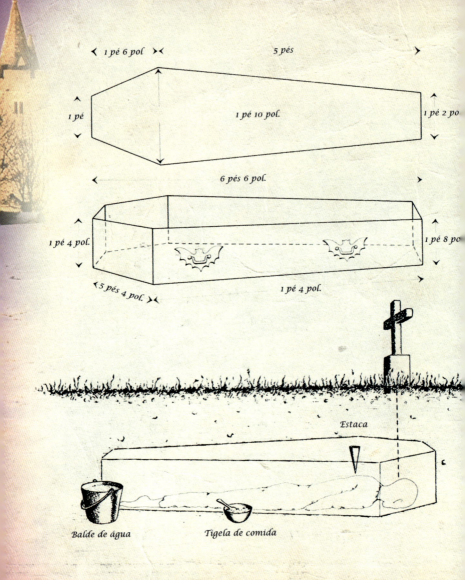

Na Grécia antiga, colocavam-se moedas na boca do cadáver. Desse modo o morto podia pagar o barqueiro Caronte, para que o levasse à outra margem do lago Estígia e sua alma pudesse descansar em paz depois da morte.

Em várias regiões do mundo, são oferecidos alimentos ao morto, porque acredita-se que o outro mundo seja semelhante ao nosso e os mortos tenham necessidade de comer. Segundo essa crença, a presença de alimentos no túmulo evita que o morto se alimente dos seres humanos vivos. Os alimentos podem ser sólidos ou líquidos, e são armazenados em jarros e tigelas. É interessante notar que foram encontradas muitas sementes de papoula nos túmulos, possivelmente por causa do seu suposto efeito narcótico. Elas estimulariam o cadáver a continuar "dormindo" no túmulo em vez de perambular pelo mundo dos vivos.

Nas regiões em que eram especialmente temidos, os mortos eram enterrados de bruços para evitar que pudessem sair do túmulo. Desse modo não teriam como encontrar uma maneira de sair do caixão.

Segundo a mentalidade antiga, se o morto precisava se alimentar, isso significava que precisaria trabalhar também. Em muitos povoados da região rural, enterrava-se na sepultura uma foice, um símbolo arquetípico da época da colheita. Essa é possivelmente a origem da representação da morte como um esqueleto com uma foice, a "lúgubre sugadora" de vidas.

Tanto os alimentos quanto as ferramentas de trabalho tinham o propósito de manter o cadáver ocupado e satisfeito, para que ele não desejasse voltar ao mundo dos vivos. Essas práticas pressupunham que todos os mortos tinham um desejo autêntico de retornar e continuar vivendo, e isso de fato aconteceria se não se tomassem providências para contê-los.

Uma das medidas úteis para impedir que os vampiros em potencial pudessem chupar o sangue dos vivos era cravar um espinho debaixo da língua do cadáver. Nenhum vampiro gosta que suas vítimas lhe cravem objetos, por isso seria improvável, levando-se em conta a imensa força e os poderes hipnóticos dos vampiros, que se tivessem muitas oportunidades para lhe cravarem um espinho na boca.

Na Romênia, inventou-se um "método automático para perfurar vampiros" que consistia em usar uma ou várias estacas afiadas de madeira, semelhan-

184 · MANUELA DUNN-MASCETTI

tes às usadas pelo príncipe Drácula em seus empalamentos. Essas estacas eram colocadas de maneira adequada dentro do caixão, de modo que se levantassem automaticamente caso o morto quisesse sair, "matando-o" e evitando assim que os aldeões vivessem permanentemente em alerta para o caso de haver um ataque de vampiro.

Em muitas ocasiões, encontraram-se esqueletos no túmulo com joelhos e/ou punhos amarrados, e corpos enrolados num tapete, como os encontrados na Bulgária. Tratava-se de práticas claramente destinadas a impedir, *com truculência*, que o cadáver saísse da sepultura e atacasse vítimas nas aldeias próximas. As cordas que prendiam os membros do cadáver quase nunca eram atadas com nós, pois acreditava-se que isso dificultaria ao transição do morto para o outro mundo. A diversidade de práticas nos rituais funerários é uma fonte constante de indagação. Em Vrancea, uma região da Romênia, dizem que não é aconselhável chorar os mortos. Familiares e amigos têm de dançar e cantar para que os espíritos malignos das cercanias creiam que estão presenciando uma festa, não um funeral. Às vezes, dois homens fortes tomam nos braços o cadáver para dançar junto com ele, esperando que assim os espíritos acreditem que ele não está morto.

Por outro lado, no sul da Itália, na Espanha e na Grécia, assim como em muitos outros países católicos, considera-se pouco recomendável não chorar nos funerais. Por isso contratam-se carpideiras, que choram alto na procissão até o cemitério para que o morto se sinta saudoso e realmente amado, e não se sinta tentado a voltar. Melhor que fique morto!

Na antiguidade e em várias regiões da Europa ocidental, da América Latina e do Egito, a morte era considerada um lento processo de transição de um estado (vida) para outro (morte). Nessas regiões, o enterro, que ocorre logo depois da morte, é algo temporário e provisório, e o funeral marca um longo período durante o qual a pessoa não está nem totalmente viva nem totalmente morta. Durante esse período, o corpo se decompõe e a carne vai apodrecendo até que só restem os ossos. Essa etapa marca, por sua vez, outros rituais envolvendo um segundo enterro, em que os ossos são cobertos, tratados da maneira adequada e transportados para outro lugar, onde ficam alojados para sempre.

No sul da Itália, na Espanha e na Grécia, assim como em muitos outros países católicos, considera-se pouco recomendável não chorar nos funerais.

O local do primeiro enterro é o que desperta realmente mais temores na imaginação dos camponeses e por essa razão deve ficar mais distante do perímetro do vilarejo do que o segundo, para que os espíritos não possam encontrar o caminho de volta para casa. Acredita-se que, no primeiro caso, o morto buscará a passagem deste mundo para o próximo e por isso esse é o período mais delicado, uma vez que qualquer coisa pode perturbar sua transição e obrigá-lo a voltar para os domínios dos vivos.

Em muitas culturas de todo o mundo, inclusive a nossa, o cadáver é sepultado sob grandes rochas. Nossas próprias lápides, decoradas com anjos de paz, são os últimos remanescentes dessa tradição, e supõe-se que o anjo traga paz à alma do cadáver e o ajude a fazer a transição deste mundo para o Além.

Existem muitas razões "naturais" para que as pessoas acreditem que, no primeiro enterro, o cadáver não esteja de fato morto. O fenômeno conhecido como *ignis fatuus* (fogo-fátuo), muitas vezes observado durante a noite ao redor das sepulturas recém-fechadas, é uma dessas possíveis razões. Acreditava-se que essas pequenas fagulhas representavam a centelha da alma ardendo mesmo depois da morte, do mesmo modo que as fadas apareciam aos seres humanos numa nuvem transparente ou como pequenas chamas dançando sobre as corolas das flores à noite. A ocorrência desses dois fenômenos era considerada, e ainda é, algo natural; pertenciam ao mesmo tipo de aparição sobrenatural de um mundo desconhecido, mas cuja existência era paralela ao nosso. Agora sabemos que a decomposição do corpo humano emite uma grande quantidade de metano, um gás extremamente inflamável, que ao se misturar com outros gases incendeia-se, e quando o metano sobe até a superfície, mistura-se novamente com o oxigênio, que por sua vez o inflama.

Outro fenômeno natural que levava as pessoas a crer que o cadáver não estava realmente morto eram os movimentos das sepulturas recém-construídas. Existe um período durante o qual a sepultura passa por alguns ajustes e acomodação, que podem causar rachaduras na superfície das pedras. Isso era interpretado como um sinal inequívoco de que o cadáver estava tentando fugir da sepultura.

O segundo sepultamento, por outro lado, era supostamente um lugar de paz, uma vez que o cadáver já tinha conseguido concluir a sua transição e estava não só em paz, mas a uma distância segura do reino humano. Fazia-se a exumação no local do primeiro enterro e se incineravam os restos mortais, cujas cinzas eram guardadas em urnas.

Em vários cemitérios modernos existe uma maneira organizada de tratar tudo o que está relacionado com os restos humanos, à medida que se pode dispor de mais espaço. As exumações são uma atividade normal e, depois do período adequado, que pode variar de sete a vinte anos, podem-se tirar os restos da sepultura e, depois de incinerados, passá-los para outro lugar. Será que isso é feito apenas por razões práticas ou esse costume está mais relacionado aos rituais praticados ininterruptamente desde os tempos antigos dos celtas? Na Itália, por exemplo, em muitos cemitérios existe o costume de exumar os corpos depois de um certo tempo, para quebrar-lhes os ossos de modo que o corpo ocupe menos espaço e possa ser acondicionado em urnas menores. Sem dúvida, isso está relacionado com práticas antigas.

Foi justamente durante essas exumações que se descobriram os vampiros. Nesses casos, o lógico seria encontrar um esqueleto, portanto pode-se imaginar a surpresa que um corpo não decomposto podia causar nos responsáveis pela exumação. Para prevenir esse tipo de ocorrência, muitas culturas optavam por adotar o método seguro da incineração. Os corpos eram cremados imediatamente depois da morte e antes do enterro, para evitar que o cadáver se transformasse num morto-vivo e pudesse voltar ao mundo dos vivos. Na verdade, culturas que cremam seus mortos nunca são afetadas por epidemias de vampirismo. No entanto, as cremações não são uma questão tão simples, pois a energia necessária para aplicar essa prática é relativamente alta: em média, "um corpo adulto de setenta quilos, cremado num forno a gás apropriado, e com recirculação de gases em altas temperaturas, transforma-se em cinzas em 45 minutos, a uma temperatura que gira em torno de 870 graus centígrados. A destruição total do corpo era, portanto, quase impraticável na antiguidade, e por essa razão muitas piras de madeira, como as presentes em todo subcontinente indígena, tinham que ser cobertas de azeite para facilitar a combustão do corpo, pois o problema não era a magnitude do fogo, mas sua capacidade de gerar calor suficiente, por um determinado tempo, para transformar o cadáver em cinzas. No entanto, em muitos países, especialmente nas aldeias afetadas por epidemias de vampirismo, a cremação era impraticável e os aldeões eram forçados, pelas circunstâncias, a enterrar os mortos, em vez de cremá-los, correndo o risco de que pudessem voltar.

Como prevenir o ataque de vampiros

Se, apesar de todas as práticas mencionadas, os cadáveres se transformassem em vampiros, havia outras medidas para evitar o seu ataque.

Algumas substâncias eram consideradas eficazes. Entre elas se destaca o alho, o "espantador" de vampiros por excelência e uma das estratégias mais usadas.

Os vampiros têm aversão a alho e seu odor é tão detestável para essas criaturas que elas nunca se aproximam de uma casa protegida com eles. O alho era colocado nas sepulturas como medida preventiva, mas também era usado pelos familiares em volta do pescoço, nos lares (especialmente nas janelas) e na cabeceira e nos pés da cama. Também se esfregava alho nas portas, nas molduras das janelas e até nos animais domésticos, para protegê-los de ataques.

Utilizava-se também o alho contra todo tipo de epidemia. Tanto na época das grandes pestes como durante os tempos de aparição de vampiros, as pessoas incluíam o alho na alimentação e usavam "colares" de réstias de alho em torno do pescoço. Sabe-se que o alho tem certas propriedades que fazem dele uma espécie de antibiótico natural e por isso, inclusive, seu uso culinário é recomendável para uma alimentação saudável.

Como já assinalamos, existem muitas semelhanças entre a peste e a epidemia de vampiros, pois nesse último caso acreditava-se que havia um "contágio", como se o vampirismo fosse um vírus mortal. Pensava-se que o mau cheiro, o "cheiro da morte" associado à peste, era a causa da enfermidade, uma vez que se desconhecia a sua verdadeira origem. Para preveni-la, a população utilizava substâncias com odores fortes, com a crença de que seriam um bom antídoto. O alho é uma dessas substâncias, embora na realidade o fato de ser um bom remédio se devesse às suas propriedades terapêuticas, e não ao seu cheiro marcante. Outra das ervas muitas vezes utilizada era o acônito, que se pendurava e se utilizava do mesmo modo que o alho ou em conjunto com ele. Também se colocavam facas de prata debaixo do colchão e das camas para fortalecer a barreira antivampiros.

Os filmes sobre vampiros têm difundido a crença de que essas criaturas temem o crucifixo. No entanto, existem provas contundentes de que isso de fato ocorre, tanto no folclore quanto na ficção relativa ao tema. A Igreja e Deus têm, infelizmente, pouca relação com o vampirismo, exceto talvez pelo fato de que algumas orações podem ajudar os mortos a não regressar do túmulo, tal como parecem sugerir determinadas súplicas recitadas nos funerais para que a alma descanse em paz e para sempre. Não existe um modo mais eficaz de se acabar com o vampirismo do que se eliminar os vampiros.

O vampiro morto apenas parcialmente, porque o seu executor fugiu em pânico, é muito mais perigoso do que o vampiro normal.

Como matar o vampiro

O método clássico e comprovado de se matar vampiros consiste em cravar uma estaca no coração dessas criaturas. As possibilidades dramáticas dessa situação sempre foram um tema irresistível para escritores e diretores de cinema. O vampiro é retratado dentro do caixão, vestindo um elegante

As feições do vampiro estão retorcidas de dor e [os] olhos saltam das órbitas, numa máscara de ódio. A criatura grita e de repente seu rosto envelhec[e] como se num instante se passassem centenas de [anos;] finalmente ele desmorona até se transformar em [pó,] num cadáver mumificado. Nesta foto, Barbara S[helley] está a ponto de sofrer a transformação, em *Drác[ula,] o Príncipe das Trevas*, de Terence Fisher (1966).

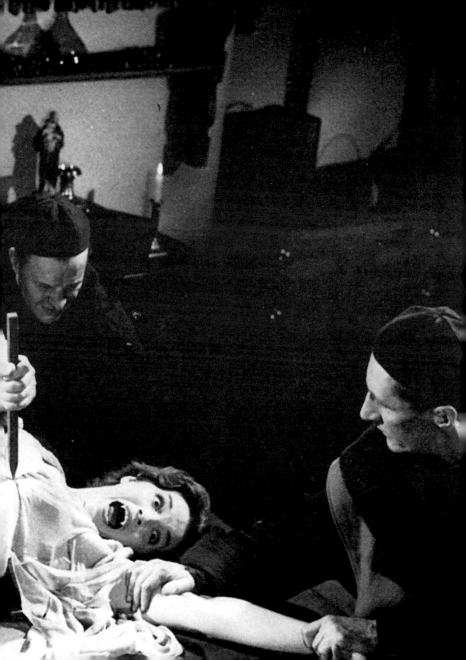

Depois de cravada a estaca na terrível criatura, pode-se tomar uma série de medidas adicionais, como, por exemplo, cortar o coração em pedaços, queimá-lo e jogar as cinzas na correnteza de um rio.

smoking, enquanto o corajoso matador de vampiros lhe transpassa o coração com uma estaca e depois a crava até o fundo com um martelo. As feições do vampiro estão retorcidas de dor e os olhos saltam das órbitas, numa máscara de ódio. A criatura grita e de repente seu rosto envelhece, como se num instante se passassem centenas de anos; finalmente ele desmorona até se transformar em pó ou num cadáver mumificado.

Na realidade, o processo de cravar a estaca não é tão simples quanto parece nos filmes de terror habituais. Um pedaço de madeira qualquer ou a perna de uma cadeira não serviriam. Na Rússia e na região do Báltico, por exemplo, a madeira apropriada para esse propósito é o freixo, devido às suas propriedades

mágicas. Na Silésia, por outro lado, as estacas deviam ser de carvalho; e na Sérvia, de espinheiro, pelas propriedades desse arbusto, uma vez que os vampiros têm uma forte alergia a espinhos.

Na falta de uma estaca, sabe-se que um punhal de prata pode matar um vampiro, embora essa operação seja mais difícil, pois a maioria das histórias sobre o uso das adagas de prata parecem se referir sobre principalmente ao mito do lobisomem, um tema que, por si só, precisa de um livro inteiro. Em suma, cravar uma estaca com força no meio do coração do vampiro é o método mais eficaz para eliminá-lo.

O inchaço do corpo na sepultura, uma prova da possessão de um vampiro, era considerado uma tentativa da alma, qualquer que fosse a criatura possuída, de se libertar. A perfuração com a estaca propiciava uma boa saída para ela. Os matadores de vampiro certamente podiam ver com nitidez que algo escapava quando perfuravam o corpo em decomposição.

O famoso gemido do vampiro, que ocorre quando a estaca atravessa o coração, deve-se à compressão dos pulmões pelo forte choque e pelo ar e gases que são forçados a sair pela traqueia, produzindo, logicamente, um chiado não muito diferente do grito de terror que emitiria uma pessoa viva. Podia ser, porém, que o vampiro de fato soltasse um gemido no momento em que a alma atingisse a tão ansiada liberdade. Sem dúvida pode haver tanto uma razão científica como uma boa explicação irracional, e não há motivo para supor que qualquer das duas seja falsa... ou verdadeira.

Depois de cravada a estaca na terrível criatura, pode-se tomar uma série de medidas adicionais, como, por exemplo, cortar o coração em pedaços, queimá-lo e jogar as cinzas na correnteza de um rio. Em 1874, um príncipe romeno se viu forçado a exilar-se em Paris porque seus compatriotas acreditavam que os membros de sua família transformavam-se em vampiros depois da morte. O jovem príncipe arrancou o próprio coração quando estava à beira da morte para que não corresse o risco de se transformar em vampiro. Algumas pessoas cobrem o vampiro com um sudário ou tecido para evitar que o sangue espirre nelas e as transforme em vampiros também.

Consumada a operação de lhe cravar a estaca, acredita-se que lançar o corpo no fogo ou na água é um bom método adicional para acabar com o vampirismo.

Uma vez consumada a execução, a vítima tem que untar as suas feridas, causadas pela mordida, com o sangue recuperado do cadáver, na realidade seu próprio sangue fluindo das veias de outra pessoa. Esse é o único remédio que pode curar as mordidas de um vampiro.

Agora o mais importante é perguntar: quem é o executor? Acredita-se que deva ser uma pessoa que tenha motivos, o amante da vítima ou ela própria, uma vez que alguém que busca vingança tem mais chance de suportar o terror e o espanto até que se cumpra finalmente a execução.

Epílogo

Chegamos ao final de nossa viagem, passando pelos mitos, lendas, casos reais e histórias sobre vampiros. Nosso fascínio por essas criaturas da noite que povoam nosso mundo, nos limites do tempo, do espaço e do espírito, e que habitam a tênue linha entre o amor e a morte, é aparentemente infinito. Os vampiros estão sempre entre nós, e minha intuição me diz que sempre estarão.

O enorme sucesso mundial dos livros da série *Crepúsculo* (*Twilight*), de Stephenie Meyer, repetido também na versão cinematográfica de 2008 e em *Lua Nova*, de 2009, versão do segundo livro da série, testemunha o efeito hipnótico que exercem os vampiros sobre milhões de leitores, que são submergidos no poço onde o sobrenatural se funde com o mundo humano, graças à narração dos embates amorosos entre os protagonistas, Bella e o vampiro Edward.

Os vampiros foram retratados como seres "arquissedutores" no filme *Drácula de Bram Stoker*, baseado no romance original, de 1897; como aristocratas melancólicos, no filme *Entrevista com o Vampiro*, inspirado no romance homônimo de Anne Rice; como estrelas do rock, no filme *A Rainha dos Condenados*; como mortos-vivos pálidos e aterrorizantes em *Nosferatu*, o filme mudo clássico do cinema alemão, que é talvez uma das mais inquietantes adaptações cinematográficas sobre os vampiros. Ou como as criaturas noturnas do também clássico *Nosferatu, o Vampiro da Noite*, de Werner Herzog. Na Internet,

Sarah Michelle Gellar é Buffy Summers na popular série de TV *Buffy, a Caça-Vampiros*.

existe uma infinidade de sites que tratam de fatos, imagens, casos e histórias de vampiros. Como afirmamos no início deste livro, os vampiros não são um fenômeno pontual, mas estão por toda parte e sempre existiram em todas as culturas. Eles desfrutam de eterna juventude em livros e filmes, em sites da Internet e, inclusive, em séries de televisão, como a popular *Buffy, a Caça-Vampiros* e *True Blood*. Podemos estar certos de que eles vivem em nosso mundo real também, não somente na mídia, mas nos bosques, nas cidadezinhas, nos subterrâneos dos grandes centros urbanos..., talvez à margem da nossa sociedade, mas muito bem estabelecidos.

Em nossa exploração, vimos que os vampiros vivem no lado sombrio do nosso mundo, e devemos considerar que habitam também nas sombras da nossa psique. Esse erótico ritual de chupar o sangue, essa sedução que leva do amor à morte, essa recusa a abandonar o mundo terreno e seguir em paz para o outro mundo depois de morrer..., esses são os elos de um padrão de conduta que pode ser reconhecido nos relacionamentos impregnados de jogos de poder, de dependência e do domínio de um sobre o outro, assim como naqueles que resistem a se romper depois de haver se esgotado tanto emocional quanto psiquicamente. Muitas vezes essa dependência psicológica é resultado de um duelo psíquico insuportável, por exemplo, quando uma pessoa passou por uma experiência profundamente traumática da qual nunca se recuperou.

Um "vampiro interior" então aparece nos sonhos, nos devaneios, nos medos, no relacionamento consigo mesmo e com os outros; a personalidade fica "possuída" pelo vampiro interior que tragicamente dilacera a psique, sem nunca libertá-la. O único caminho para a cura é recuperar a sabedoria antiga que reconhece a existência de um vampiro interior, mas que também sabe como acabar com ele: perfurando o seu coração com uma cruz, o símbolo da fé. É certamente a fé e o amor-próprio que podem nos salvar das garras dessas criaturas demoníacas. Os espíritos malignos tentarão resistir, como vimos ao longo deste livro, mas é possível vencê-los com uma grande determinação e sentimento de otimismo frente à escuridão e às adversidades.

De fato, os vampiros existem e estão por toda parte, e sempre podemos ser vítimas deles e do que representam. Devido ao seu obscuro poder de sedução, devemos reconhecê-los como as criaturas das sombras que são; e recusar sua presença em nossa vida é o que nós, seres humanos, temos tentado, como mostram as crônicas, durante séculos.

Ouça as sombras, vislumbre o movimento só percebido pelo canto do olho, observe as formas que se movem na escuridão: todos eles estão aí. Proteja-se e saiba que essa é uma luta antiga, iniciada em tempos imemoriais, entre o ser humano e o vampiro.